El
SABOR
de
NUESTRA FE

DOUBLEDAY

NEW YORK · LONDON · TORONTO · SYDNEY · AUCKLAND

El

SABOR

de

NUESTRA FE

Reflexiones sobre la vida hispana
y la fe cristiana

✝

KAREN VALENTIN

con el

REV. EDWIN AYMAT

PUBLICADO POR DOUBLEDAY
una división de Random House, Inc.

DOUBLEDAY y el retrato de una ancla con un delfín son marcas
registradas de Random House, Inc.

Diseño del libro por Amanda Dewey

Library of Congress Cataloging-in-Publication Data
Valentin, Karen.
[Flavor of our faith. Spanish]
El sabor de nuestra fe : reflexiones sobre la vida hispana
y la fe cristiana / Karen Valentin con Edwin Aymat.— 1. ed.
p.   cm.
1. Hispanic Americans—Prayer-books and devotions—English.
I. Aymat, Edwin. II. Title.
BR563.H57V3518 2005
277.3'083'08968—dc22   2005042031

ISBN 0-385-51644-4

Impreso en los Estados Unidos de América

Noviembre 2005
Primera edición

1   3   5   7   9   10   8   6   4   2

Yo dedico este libro a Mami, Papi y Alela.
Sin su amor, no tendría por qué escribir.

ÍNDICE

✛

AGRADECIMIENTOS

Gracias especialmente a Adrienne Ingrum, quien concibió este libro y me encargó a escribirlo. Gracias por su amistad, apoyo, oraciones y consejos.

Con mucho amor y aprecio a mi familia y amigos: Gracias por compartir sus historias maravillosas.

Muchas gracias a Michelle Rapkin y Francis O'Conner. Gracias por darme la oportunidad de realizar este sueño, y por todas las sugerencias maravillosas que enriquecieron este libro.

Tambien quiero agradecer a Tilza Bushner, Jose Valentin, Connie Valentin, Diane Valentin, Carmen Burke, Carlos Canales, Joanne Canales y al Pastor Ephriem Pizarro. Gracias por la ayuda cuando yo más la necesitaba.

INTRODUCCIÓN

✠

"*El Sabor de Nuestra Fe*" es una jornada hecha a la medida. El destino es una relación más profunda con Cristo a través de un camino de conocimiento cultural, apreciación y conexión. Las escrituras y oraciones acompañan las reflexiones y enlazan varias metáforas espirituales dirigidas en cada historia. Se diseñan de manera que puedan ajustarse a la medida de sus propias conversaciones con Dios.

Estas reflexiones se basan en mis propias experiencias e historias de mi familia y mis amigos. Crecer en una familia hispana y cristiana sazonó mi vida con un sabor distinto; más aún me sentía desconectada de estas identidades. Era como si mi familia tuviera todos los ingredientes de ser genuina, pero lo único que yo podía hacer era disfrutar de la fiesta que ellos preparaban. A mi alrededor yo les oía hablando en español, pero yo solo hablaba inglés. Vi el amor de mi familia por Cristo, pero mi comprensión era demasiado vaga para compartir la misma pasión. Este libro es una colección de las experiencias y los entendimientos que me ayudaron a conocer a Cristo en una manera más profunda y abrazar de lleno mi propia cultura.

Los ingredientes enlazados en *El sabor de nuestra fe* son temas escogidos de varias generaciones y diversas perspectivas. No es una simple historia como la de una comida presentada en un plato aseado. Al leer y descubrir el sabor de cada historia, debe usted ser la persona que combine los ingredientes que le hablan y mezclar esos sabores para llegar a sus propias conclusiones.

La composición de este libro fue un gran esfuerzo entregeneracional. Mientras las reflexiones son de mi perspectiva juvenil, mi tío materno, el Rev. Edwin Aymat, jugó una parte crucial en crear *El sabor de nuestra fe*. Él contribuyó su experiencia y sabiduría a este libro cuando tradujo cada historia y escribió bellamente muchas de las oraciones, y seleccionó escrituras pertinentes para acompañar cada una. Es un ministro ordenado por más de 35 años, y sirve como pastor de un ministerio bilingüe. Ha ocupado varios puestos y ha dirigido varios grupos entre los Cristianos hispanos. Sus enseñanzas —como mencioné anteriormente— resultaron indispensables cuando estaba buscando recursos para este libro.

Me dirigió a temas y experiencias latinos, comprendiendo que los hispanos han sido doblados bajo un peso con pinturas negativas, estereotipos y representaciones cerradas. Sirven lo amargo sin explorar el sabor verdadero. Lo mismo se puede decir acerca del retrato del cristianismo. Este libro presenta una serie amplia de temas relacionados a ambas identidades. Mi oración es que usted pueda conectarse con Dios a través de cada historia.

Te invito a esta fiesta de reflexiones, y si es familiar y reafirmativo, o exótico y nuevo, espero que el sabor de nuestra fe te ayude a "Gustad, y vea qué bueno Jehová" (Salmos 34:8).

El
SABOR
de
NUESTRA FE

ALTAR DE ARROZ
Y HABICHUELAS

⚜

*Todo tiene su tiempo, y todo lo que se quiere debajo del
cielo tiene su hora: Tiempo de nacer y tiempo de morir;
tiempo de plantar y tiempo de arrancar lo plantado;
ECLESIÁSTES 3:1, 2

CUANDO MI ABUELA sufrió su derrame cerebral, mudamos sus cosas por segunda vez. Poco a poco llenamos las cajas con sus colchas, ollas y cacerolas, sus marcos y cajas de música rotas. Estos objetos familiares hicieron todo lo que pudieron para transformar la casa campesina, su propio hogar. Pero desde que habíamos mudado estos mismos tesoros anteriormente unos cinco años, siempre parecían como niños huérfanos en un país extraño.

"¿Recuerdan esto?", preguntaba mi madre, extendiendo un álbum pequeño de fotos. Yo sonreía al ver las fotos en blanco y negro que yo había tomado unos días antes de que ella se mudara

*Las escrituras seleccionadas son de la versión Reina-Valera, revisada en 1960.

de su apartamento pequeño en Brooklyn. Hojeando por el álbum, sonreía al ver las fotos que parecían extrañas a otros; un timbre, una estufa, una escalera de incendio, un fregadero.

El día que tomé esas fotos mi abuela, como siempre, estaba esperando a la ventana. Fue una imagen con la cual siempre podía contar cuando la visitaba. Me tiró un beso mientras yo inclinaba mi cabeza para capturar la primera foto del día. Tomé otra foto de la línea de timbres y otro de la escalera larga que llegaba a su apartamento en el segundo piso. Cuando alcancé la puerta abierta le di un fuerte abrazo y un beso en la mejilla de mi Alela.

"¿Has comido?", preguntó, mientras caminaba a la estufa para remover el arroz. "No tengo hambre", respondí, mirando hacia las cajas de cartón que estaban empaquetadas y listas para salir. Alela bajó la llama y caminó hacia el dormitorio, dejándome sola en la cocina. Acerqué la cámara a mi mejilla y tomé varias fotos de la estufa anciana . . . un altar de arroz y habichuelas.

La mesa cercana estaba vacía, pero podía visualizar a los miembros de mi familia en cada silla, hablando, riendo y comiendo su comida deliciosa. Con el olor de la comida en el aire y las memorias en mi mente, recobré mi apetito y llené un plato con arroz blanco, habichuelas rosadas y pollo asado. Me comí cada bocado en la mesa quieta, y lavé mi plato en el fregadero alto, donde hasta la edad de once años, tuve que pararme en una silla para lavarme las manos.

Con la cámara en la mano, salí por la ventana de la cocina a la escalera de incendio pintada de amarillo, donde las plantas de Alela estaban contentamente sentadas en el sol. Cuando yo era pequeña, ella me permitía sentarme sobre una frazada y me servía mi almuerzo en el alféizar de la ventana. Las débiles cortinas blancas se mecían en la brisa, como si estuvieran danzando al ritmo distante de una salsa. A través de las barras amarillas, podía ver el patio trasero del dueño del edificio con la mesa de picnic que tal parecía que nadie la usaba. Continué caminando por el apartamento, empaquetando memorias dentro de mi camarita negra hasta que se agotó el rollo.

Cuando partí, me despedí de Alela con un abrazo, y como acostumbraba, prometí mirar hacia ambos lados de la calle antes de cruzar, velar por los locos y pararme lejos de la orilla de la plataforma del subterráneo. Una vez que estaba afuera, miré hacia la ventana donde sabía que ella estaría velando. "¡Te amo!" grité, tirando besos mientras caminaba. Al fin de la cuadra, me volteaba para verla inclinándose por la ventana. Nos saludamos con las manos hasta que, doblando la esquina, la hice desaparecer. Cerré el álbum de fotos y lo metí dentro de la caja de cartón con las otras cosas que quería conservar.

Un mes más tarde ella murió en su cama en el hospital. Ya no la puedo abrazar, ni probar sus comidas maravillosas, pero la abundancia de su amor y los tesoros de memorias siempre permanecerán.

Oración

Gracias por aquellas personas especiales que han llenado nuestra niñez con una fiesta de memorias. El amor que ellas han compartido seguirá viviendo más allá del número de sus días. Ayúdame a ser el tipo de persona que será recordada por otros cuando sea llamada a tu presencia.

ESPAÑOL
NEOYORQUINO

✛

¡Todo lo puedo en Cristo que me fortalece!
FILIPENSES 4:13

"VAMOS A HABLAR ESPAÑOL". De vez en cuando anunciaría esto a mis padres —insistiendo que habláramos solamente en español. Cuando digo esto, estoy determinada, pero antes de una hora siempre volvemos al inglés. Para mí, hablar en español es como un objeto flotante que uno arrastra bajo del agua . . . una vez que lo sueltas vuelve inmediatamente a la superficie. Tarde o temprano, volvemos al inglés, donde se siente más natural.

Entiendo el español perfectamente. Me crié con el idioma por dondequiera. Se hablaba entre mi familia, en la iglesia y en las telenovelas que mi abuela asistía en la red Telemundo. ¿Por qué será, pues, que me siento como si tuviera la boca llena de malvavisco cuando intento hablarlo? Es la historia de los neoyoricans, a la que muchos como yo nos podemos relacionar.

Cuando me criaba, mis padres y la familia extendida se conversaban entre ellos en español. Pero hablaban con los muchachos en inglés (aun mi padre y mis abuelos con sus acentos hispanos espesos). Mi madre temía que nos confundiríamos aprendiendo dos idiomas y asumía que aprenderíamos el español eventualmente. Aprendí el idioma, pero solamente era una serie de palabras, como una colección de cuentos bonitos —"casa", "pollo", "gracias", "mira". El problema fue que nunca aprendí a ensartarlas para formar una oración decente.

Mientras crecía, tuve un deseo de aprender, pero esto resultó en mayor frustración y vergüenza. Casi podía sentir el calor de las miradas fijas, cuando yo titubeaba palabras ásperas y dentadas, apuñalando el idioma a muerte. La gente se sonreían y me ayudaban con el tiempo de los verbos y la pronunciación, pero entiendo perfectamente lo que estaban pensado: "¿Qué clase de hispana eres?"

Cuando comencé a aprender el francés, la experiencia era totalmente distinta y refrescante. No existía el peso de "a estas alturas ya debes saber esto". Me estaba gozando tanto que, antes de saberlo, estaba fluyendo mejor en francés que en español. Me sentí un poco como una traidora, pero también tenía un sentido nuevo de confianza. Si podía aprender francés desde el principio, no había ninguna razón por la cual no podía aprender un idioma que estaba escuchando toda mi vida. También realicé lo que había estado deteniéndome. Supe que tenía que sacudir a aquella carga terrible de vergüenza que me estaba obstaculizando de disfrutar de un idioma que estaba cerca de mi corazón. Con un poco de trabajo, sabía que en el futuro la colección de palabras no estaría desparramada en el piso. Hilaría las palabras con lenta determinación hasta que pudiera prendérmelas con orgullo.

Oración

Señor, ayúdame a llevar a cabo las cosas de la vida que me parecen difíciles e intimidadoras. Entiendo que puedo hacer cualquier cosa, mientras tú me estás guiando y dándome fortaleza en el proceso.

TESOROS
EN LA ARENA

✤

Llamarán los pueblos a su monte: Allí sacrificarán sacrificios
de justicia: Por lo cual chuparán la abundancia de los
mares, Y los tesoros escondidos de la arena.
DEUTERONOMIO 33:19

AL TERMINAR DE ENSEÑAR UNA CLASE de gimnasia, un estudiante y su madre se me acercaron con una petición. "¿Te gustaría ser una ayudante de madre este verano?"

Mi reacción inicial fue, "¡No pienso que me gustaría!" Pero me sonreí cortésmente y les dejé terminar. Mientras hablaban, mi sonrisa se esparcía y también mi entusiasmo por el propósito. Ellas tenían una casa a unos pasos de la playa, en un lugar que se llamaba Fire Island. Mi responsabilidad sería estar con las niñas mientras sus padres trabajaban en la ciudad. "Las niñas tienen suficiente edad para hacer sus propias cosas, así que los días serían mayormente tuyos", seguía la madre, tratando de vender la idea. Pero ya yo estaba convencida. "¡Cómo no! Me gustaría hacerlo". Mi cabeza se llenaba de imágenes de unas vacaciones increíbles, completamente pagadas. Lo único que tenía que hacer era llevar al perro a caminar, mantener la casa limpia y cocinar para las muchachas.

Apenas pude contenerme en el viaje por ferry a la isla. Entré en el aprieto del resto de la gente cerca de la salida, mientras el barco se acomodaba al puerto. Había una mezcla de hispanos, blancos y afroamericanos. Estaba demasiado emocionada para notar que solamente formaban familias los grupos blancos. Fue al acomodarme en la casa de playa, que finalmente realicé, "Solamente somos los empleados". Habiéndome criado en la ciudad, mezclada con otras razas y clases sociales, no estaba preparada para la línea divisora entre los siervos minoritarios a un extremo y las familias blancas, ricas en el otro. Me molestaba ver a las mujeres hispanas y afroamericanas empujando los coches, caminando como sombras, a cinco pasos detrás, de las mujeres vestidas con sus ropas de jugar tenis.

Aunque yo estaba agradecida que mis días no se pasaban así, la casa era enorme, y tomaba mucho tiempo para limpiar. Había ropa para lavar todos los días, y me sentía un poco intimidada por el perro grande que tenía que sacar tres veces al día. Las horas que quedaban para mí resultaron solitarias y aburridas.

Cuando los padres de las niñas estaban presentes —del jueves hasta el fin de semana— me sentía desmañada y fuera de lugar. Me mantenía a solas, ya que no me sentía libre para asociarme con ellos o con sus huéspedes de fin de semana. Yo era su "empleada". El desequilibrio profundo en la balanza social y racial tuvo un profundo efecto en mí. Dentro de un corto mes, me sentía insegura, celosa y aun prejuzgada. Mis emociones estaban tan turbulentas como las olas que escuchaba todos los días.

Una mañana madrugué para caminar en la playa. Las olas estaban calmadas y el sol brillaba vivamente. La arena estaba salpicada con conchas y piedras de todas formas y colores, reflejando los rayos del sol. Me parecían ser joyas raras y preciosas dispuestas para mí. Comencé a coleccionarlas, mientras las olas suaves lavaban mis pies con un toque suave. Miraba a los tesoros en mis manos y sentí la presencia de Dios ministrando a mi corazón. Contemplaba al océano destellado que parecía no tener fin y pensaba del amor eterno de Dios y sus dones abundantes. Una paz apacible me cubría y las amarguras e inseguridades parecían dejarse llevar hacia el horizonte. Con cada piedra y concha que levantaba de la arena, contaba mis bendiciones y daba gracias a Dios por los inestimables tesoros que solamente él puede dar.

Oración

Señor, al igual que la variedad de tesoros que has esparcido en las riberas, me has creado con especial cuidado. Gracias por revelarme que mi valor auténtico no se mide por las medidas de este mundo. En horas de inseguridad, ayúdame a recordar que soy la hija de un Rey.

GRABADO

Acercándoos a él, la Piedra Viva, desechada ciertamente por
los hombres, mas para Dios escogida y preciosa, Vosotros
también, como piedras vivas, sed edificados una casa
espiritual, y un sacerdocio santo . . .
1 PEDRO 2:4, 5

NOS TREPAMOS por las tumbas blancas gruesas de Puerto
Rico como lomas antiguas buscando ser descubiertas. Las
flores tropicales adornaban el cementerio todo en blanco, repleto
con estatuas y grandes panteones de cemento con cubiertos de
mármol. Me trepaba de caja a caja, buscando el nombre de mi
abuelo, a pesar de que mi padre me avisaba que nunca lo en-
contraría. "Lo enterramos en la tierra", repitió, "no teníamos dinero
para ponerle una piedra". Continué en búsqueda de un marcador
o cualquier señal . . . algo con su nombre inscrito. Entre las agru-
paciones apretadas de mármol y piedra, encontramos algunas

parcelitas de tierra, pero las cruces simples llevaban otros nombres.

Finalmente, convencida que le habían cubierto el lugar de su entierro con otro, encogí los hombros en derrota y me preparé para partir de ahí. Cuando di la vuelta para llamar a mi padre, lo observé parado entre las estatuas como un niño perdido. Al verlo parado solitario, conocí sus pensamientos. Él había vuelto sus pensamientos a sus días de pies descalzos, caminos largos hacia la escuela y la casita de madera con un techo de ramas de caña. Yo también recordaba esos cuentos, y, ya que las imágenes no eran vagas, en mi mente, caminaba a su lado.

Observé a un hombre que no conocía volviendo a su casa con un haz grande de madera sobre sus hombros. Era el mismo haz con el cual había salido en la mañana esperando poder venderla. Tiró el saco pesado a la tierra, y de rodillas lloraba sobre los pedazos desparramados. Mi abuela, jovencita y bonita, consolaba a su marido, acercándolo a la casa para que bebiera un café. Mirando la madera que quedaba en tierra, pensé de los dos hijos que estarían enterrando en poco tiempo.

Mi abuelo trabajaba aún más duro después de la muerte de sus dos hijos, siempre buscando una forma de ganar dinero. Construyó una estufa en la parte trasera de su casa con piedras grandes, y se puso a vender bizcochos y panes por un centavo cada uno. Trabajando para darle de comer a lo que quedaba de su familia motivaba a mi padre que trabajara mucho en la escuela. "Cuando te gradúes del sexto grado", prometió, "te voy a comprar una pluma". Murió antes de poder ver a su hijo graduarse y extenderle el regalo prometido.

La disciplina de trabajar arduamente fue pasada a mi padre.

Después de graduarse de escuela superior, cortaba caña, vendía madera, ayudó a su madre en la cocina y veló por su hermano y hermana. Ya hombre, siguió trabajando arduamente, para que sus propios hijos no tuvieran que conocer el significado de pasar hambre.

La pobreza de su pasado, que le había quitado tanto, volvió para quitarle aun una cosa más. Rodeado por memoriales de piedra que servían para otras familias, mi padre se encontraba solo con nada. "Fue un padre bueno", me dijo, al notarme sentada calladamente, "trabajó toda su vida para cuidar de nosotros".

Mirando a este memorial vivo, realizaba que él es la piedra de mi abuelo. La vida y la muerte de su padre no solamente están fijadas en su memoria, sino que lo formaron para ser el hombre que es hoy —un padre bueno, un trabajador fuerte, un cocinero maravilloso, un ahorrador, un hombre que volvió a los estudios cuando finalmente se encontró con tiempo y un graduado de seminario a la edad de cincuenta y ocho. Cuando mi padre marchaba el pasillo en su birrete y toga, me hubiera gustado haber pensado de la promesa que le hizo mi abuelo. Yo le hubiera regalado una pluma preciosa.

Oración

Señor, haz que mi vida sea un testimonio de quien eres y lo que has hecho. Haz que tu palabra inscriba en mi corazón como una piedra viva, para que yo deje una herencia de tu amor para aquellos que dejo atrás.

Mientras que tengas un Hombre

✣

Porque en él vivimos, y nos movemos, y somos . . .
Hechos 17:28c

Era casi al fin de una relación de tres años cuando mi abuela me interrogó una vez más, "¿Todavía estás con tu novio, Kariña?" No me molesté con el revoltijo de decirle que ya no estaba tan feliz . . . que los tres años habían distanciado mi relación con Dios. Sabía que él no era el hombre para mi vida, pero ella solamente quería oír una cosa. "Sí", le dije, con una sonrisita.

"Oh hija mía, estoy tan feliz", respondió ella, contenta con separarse y dejarlo así. No era necesario seguir preguntando. Yo era una mujer, necesitaba un hombre y, gracias a Dios, tenía uno. ¡Punto!

Mi abuela vivió en un mundo donde el primer deber de una mujer era ser esposa —antes de quedar preñada y encontrarse en la cocina toda la vida. Los últimos pasos de una mujer en el pasillo hacia el altar de matrimonio la llevaban a su destino final. Hasta ese momento, estaba en la parte posterior de la iglesia —y la misma vida— sin mucho por hacer. Aunque yo tenía el deseo de compartir mi vida con otra persona, conocía que mi valor y propósito no comenzaban después del matrimonio.

Después que me separé de mi novio, fuí al altar en oración. Se me había olvidado mi primer amor, el que me conoce mejor de lo que reconozco a mí misma, y quien me ama sin límites. Le pedí que dirigiera mi vida de acuerdo a su voluntad, no la mía, y prometí escuchar su voz al vivir mi propósito.

A través de los años, Dios ha sido fiel, llenando mi vida con amor, risa, familia y amigos. Me ha permitido ser usada para su gloria a través de varios ministerios dentro de la iglesia. También he tenido la oportunidad de viajar y experimentar el mundo en formas bellas y emocionantes.

Si mi abuela estuviera viva hoy, estaría muy preocupada por su nieta soltera de treinta años, que aún no haya entregado su vida a un hombre. Pero yo estoy contenta por dejar mi vida en las manos capacitadas de Dios; las manos que me han sostenido hasta ahora. Si Dios tiene un esposo y una familia en mi futuro, sería un capítulo maravilloso en mi vida. Pero hasta ese momento, no me encontrarán en la parte posterior de la iglesia, esperando que la vida comience. Ya yo estoy en el altar.

Oración

Señor, ayúdame a no enfocar en el programa y patrón de otros. Confiaré en tu coordinación y el resto de tu plan perfecto para mi vida. Ayúdame a aprender y crecer con cada experiencia nueva de mi vida. Guíame cada paso que tomo mientras vivo, me muevo y tengo mi vida en ti.

¡OH, QUÉ CADERAS GRANDES TIENES!

⸎

Mas ahora Dios ha colocado los miembros cada uno de ellos
en el cuerpo, como quiso. Que si todos fueran un
miembro, ¿dónde estuviera el cuerpo?
1 CORINTIOS 12:18, 19

EN LA ESCUELA SUPERIOR, yo estudiaba las bellas artes y tomé una variedad de clases, desde la escultura hasta pintura en óleo. Una de estas clases era el diseño de modas y, como hacía en todas mis clases, me zambullía en los proyectos con gran interés y entusiasmo. Me gustaba diseñar estilos nuevos que dibujaba para las modelos. Cada una de mis modelos tenía ojos grandes de color café y pelo espeso y rizado de color café. Es más, la palabra espeso se podía usar para describirlas en su mayoría. Yo le daba un busto generoso y caderas con el tamaño y la redondez que tenían la mayoría de las mujeres que yo conocía.

Mi maestra acostumbraba caminar por el salón tocando sus labios con su lápiz, velando tras nuestras espaldas mientras dibujábamos. Una vez, mientras ella vino a mi mesa, prácticamente gritó, "¡Oh, Dios mío! ¿Qué sucede con esas caderas? ¿Qué clase de modelo tiene semejantes caderas?"

Dí la vuelta para mirar a su rostro confundido. "Las mías", respondí —una respuesta que ella no estaba dispuesta a aceptar.

"¡Arréglalo!" dijo ella, mientras iba caminando.

Miré a los otros estudiantes cercanos. Ninguna de sus modelos se parecían a las mías. Me paré para mirar al resto de la clase, pero todas eran semejantes —altas, blancas y muy delgadas— una definición singular de belleza. Estas mujeres, aparentemente, eran las únicas dignas de nuestros diseños.

Mis modelos nunca se tornaron en Barbie, pero las adelgacé lo suficiente para cumplir los requisitos para poder pasar mi clase. Ahora deseo haber hecho aquellas caderas aun más gruesas en vez de acomodarme a los ideales de otros; pero eso es lo que hacemos todos hasta cierto grado. Alguien se ha diseñado una idea de lo que es belleza, y todos hacemos lo necesario para acomodarnos dentro del modelo. Esta imagen de belleza definida estrictamente le cabe a un porcentaje ridículo de las mujeres. Es un plan ingenuo, porque si la imagen cabe a la población general, no habría nada para vender a esa mayoría intentando alcanzar un ideal ilusivo. Hay tanto dinero para adquirir manteniendo a las mujeres en un estado constante de inseguridad y auto-aborrecimiento. Por tanto, mientras nos bebemos las bebidas de dieta y empleamos horas en las máquinas de ejercicio, las industrias de "belleza" se hartan con nuestros billetes.

He aquí una idea mejor. Olvidémonos de lo que digan los anuncios en las revistas, las películas y en la televisión de la belleza. Vamos a reconstruir nuestras propias ideas de belleza con la influencia del gran Diseñador de todo tiempo, y descubramos el significado verdadero de la belleza. Sus creaciones vienen en todas formas, colores y estilos —y todo lo que él hace es bello en sus ojos.

Oración

Dios creador, gracias por hacerme la persona que soy. Ayúdame a tener una imagen positiva de mí misma, que trasciende lo que otros piensan de mí. Ayúdame también a atesorar y cuidar mi cuerpo —tu templo— comiendo comidas saludables y atesorando. Deseo que mi cuerpo sea lo que intentabas cuando me creaste, especial, singular y maravillosamente creada.

ISLA DE CAFÉ CON LECHE

✤

Como el ciervo brama por las corrientes de las aguas, así clama
por ti, oh Dios, el alma mía. Mi alma tiene sed de Dios, del
Dios vivo; ¡Cuándo vendré, y pareceré delante de Dios!
SALMOS 42:1, 2

VELABA CON HORROR mientras Doña Petra prendió la televisión para mi hermana y para mí. ¡Mi muñeco animado
favorito se encontraba en español! ¿Qué le estaba diciendo Popeye
a Oliva? "¡Todo está en español!" grité silenciosamente en mi
mente, mientras forzaba una sonrisa y le di las gracias. Ella volvió
a su cocina, contenta con dejarnos en el sofá cubierto de plástico
con expresiones en blanco en nuestros rostros.

Mi primer viaje a Puerto Rico no fue el paraíso que me había
imaginado. En vez de estar descansando en las playas blancas, nos
llevaban de casa a casa. Los adultos sentados, bebiendo café con
leche, hablando un idioma que aun me sonaba a disparates. Durante

el día solamente me pude entretener corriendo tras las gallinas y los gallos en el patio trasero. A las cinco de la mañana, ellas tomaban su venganza, despertándonos del sueño con sus chillados a toda voz. Los mosquitos, aparentemente aliados con las aves de corral, se unían al ataque con un zumbido en nuestros oídos y picando nuestra piel hasta que estábamos cubiertos con ronchas rojas. Cuando finalmente abordamos el avión para volver a Nueva York, me despedí de esta isla de aburrimiento y café.

Cuando era una adolescente, comencé a tener más interés en mis raíces. Entre más historia oía de Puerto Rico, más deseaba experimentarla por mí misma. Me había enamorado con la música y el lenguaje, pero me sentía desconectada con mi herencia. Cuando mi padre decidió hacer un viaje a Puerto Rico, brinqué a la oportunidad para ir. Una vez que llegué, absorbí todas las vistas y sonidos que me rodeaban. Aun estaba contenta de ver a las gallinas y los gallos de nuevo. Ya no arrastraba mis pies cuando íbamos de casa a casa para beber café con leche. Ahora tenía sed por escuchar las historias distintas que me contaban de mi padre y mis abuelos. El viaje me conectó con mis raíces, y por vez primera me sentía como una puertorriqueña. Esta vez, cuando abordé el avión para Nueva York mi corazón ardía.

Cuando pienso en estas dos experiencias muy distintas en Puerto Rico, me hace recordar de mi jornada espiritual. Cuando era niña, no era exactamente una voluntaria los domingos por la mañana, esperando ansiosamente para asistir a la iglesia. Me sentaba cerca de mi madre, aburrida e inquieta, orando que el servicio terminara . . . ¡ahora mismo! Al igual a los muñequitos en español, el lenguaje del cristianismo sonaba como disparate para mí. No fue hasta que cumplí los dieciséis años, y verdaderamente acepté a

Cristo en mi vida, que mi relación con Dios cambió. Mi amor por él provocó una chispa de un verdadero deseo de conocerle mejor. Deseaba conectarme con él y mi identidad como su hija. Ahora voy a la iglesia, y ya no como una niña inquieta. Es como estar sentada en una casa en Puerto Rico, bebiendo café con leche y escuchando historias que sacian mi alma.

Oración

Señor, gracias por darme el agua viva de tus palabras. Sea yo como la mujer samaritana junto al pozo, ansiosa por satisfacer la sed de mi alma. Que yo pueda ser una "fuente de agua que brota para vida eterna". (SALMOS 4:14B)

LA FÁBRICA

✤

*Venid a mí todos los que estáis trabajados y cargados, y yo os
haré descansar. Llevad mi yugo sobre vosotros, y aprended
de mí, que soy manso y humilde de corazón; y hallaréis
descanso para vuestras almas.*
MATEO 11:28, 29

LOS ROLLOS PESADOS de lana estaban inclinados contra las
paredes de la fábrica de telas, esperando ser medidos y corta-
dos. Gloria observaba a los hombres levantándolos y llevándoselos
como si fueran camillas de hospital con pacientes cubiertos en frazadas bastas. Apenas unos meses atrás ella estaba cuidando de pacientes que entraban en semejante manera —pero ya no estaba en
Honduras y tampoco era la enfermera que logró ser con tanto esfuerzo. En vez de atender a los enfermos, estaba atendiendo yar-
das de telas desenrolladas en una fábrica en Nueva York. El

trabajo era pesado, sin ofrecer recompensa, pero aun el trabajo de fábrica en América le dejaba más dinero que la enfermería en su pueblecito empobrecido.

No existían muchas opciones de trabajo para ella en Nueva York. Sus papeles estaban limitados a la tarjeta verde y la barrera del lenguaje hacía difícil conseguir un trabajo igual a sus habilidades. En la fábrica, ella medía y cortaba el material grueso por horas hasta que sus manos estaban adoloridas. Con el tiempo, sus manos se acostumbraron al trabajo, pero aun ella tenía que ajustarse a mucho, como el frío sorprendente, el ruido de la ciudad y un lenguaje nuevo. Pero el ajuste más difícil era estar tan lejos de sus hijos. Su niño de seis años y su hija de cuatro años habían permanecido en Honduras con su mamá.

Cada semana, cuando recibía su salario de la empresa, recordaba por quienes se estaba sacrificando. Cuando iba al correo para enviar dinero para sus hijos, sus brazos se sentían menos vacíos. Años más tarde ellos pudieron reunirse con ella en América.

La bella amiga de nuestra familia ahora está retirada de sus labores después de veintinueve años de trabajo en fábricas. Sus hijos terminaron sus estudios en América y ambos gozan de carreras profesionales. Gracias a su madre, quien cambió sus habilidades y pasión por la supervivencia de su familia, ellos pueden vivir sus sueños y alcanzar cualquier meta que escojan.

Las máquinas de coser suenan como un ferrocarril rústico,
uno que grita en círculos sin llegar a ninguna parte.
Aprieto el pedal y empujo la tela bajo la rápida aguja brillante.
Ella ha probado la sangre de mi dedo más de una vez.

Con la última puntada de la costura, levanto mi cabeza, un lujo
   para mi cabeza.
Veo las mujeres a mi alrededor, quienes hablan mi lenguaje y
   reflejan mi rostro.
Sus cabezas agachadas, sus manos ocupadas en los trajes que nunca
   lucirán.

Tomo el traje blanco débil en mis manos color de coco,
y veo más allá del lugar de nacimiento de estas pobres mujeres
   inmigrantes,
a las fiestas, cenas románticas y un ropero espacioso.

Las imagenes se pierden de vista cuando extiendo mi mano a la
   canasta de trajes sin terminar, tela cortada mellada.
El grito de mi máquina a las otras al apretar el pedal
   y agacho mi cabeza una vez más.

Oración

Señor, toma el material bruto de mi vida en tus manos cuidadosas.
Confío en la destreza de tus manos. Tu palabra me dice, "Porque yo sé
los pensamientos que tengo acerca de vosotros, dice Jehová, pensamientos de paz, y no de mal, para daros el fin que esperáis".

(JEREMÍAS 29:11)

LA MARQUETA

✛

¡[V]enid, comprad y comed! Venid, comprad sin dinero y sin
precio, vino y leche. ¿Por qué gastáis el dinero no en pan,
y vuestro trabajo no en hartura?
ISAIAS 55:1B, 2

AL ABRIR LAS PUERTAS de rojo brillante de la marqueta,
entro un mundo de tiempo pasado cuando mis dedos pequeños estaban acurrucados en las manos de mi abuela. Ella me llevaba entre la multitud con una gracia ligera, pasando los puestos altos de madera que nos rodeaban. Cajas de grandes pimientos rojos, plátanos amarillos y verdes, cebollas y cocos llenaban el vientre de cada puesto. Grandes sacos de arroz amontonados hacia el mostrador, donde botellas de aceite de oliva esperaban la venta. Tallos largos de caña —del tipo que mi padre cortaba cuando era un joven en Puerto Rico— se apoyaban contra las paredes. Las

latas de soda y jugo lucían dibujos de palmas y venían en sabores como piña, coco, guayaba y mango.

Cuando Alela examinaba los productos en sus manos expertas y llenaba su canasta con lo que deseaba, nos íbamos caminando hacia su apartamento pequeño en la Avenida Montrose. La fragancia del mercado surgiría una vez más cuando vaciábamos las bolsas en su cocina soleada. Ella se pasaría entre el fregadero y la estufa, cortando y lavando, mientras el aire, lentamente, se llenaba con el aroma de la preparación de la comida.

Al estar parada aquí, observo y respiro las memorias. Paso por los puestos interminables de vegetales y frutas, entre una multitud de extranjeros que me parecen tan familiares, en un mundo tan delicioso como la cocina de mi abuela.

Oración

Señor, me has provisto con una fiesta de bendiciones. Gracias por la maravillosa serie de personas amadas y por los momentos especiales que llenan mi vida. No me ha costado nada merecer una recompensa tan grande. Pero, al igual a mi salvación, que has pagado completamente, solo necesito aceptar estos dones con un corazón agradecido.

DOS COCINEROS

✛

Nada hagáis por contienda ó por vanagloria; antes bien con
humildad, estimándoos inferiores los unos á los otros: No mirando
cada uno á lo suyo propio, sino cada cual también á lo de los otros.
FILIPENSES 2:3, 4

AL APEARME DEL ASCENSOR, ya puedo oler la cena que se está preparando, que hace la boca agua. Sigo el aroma por el pasillo hacia la puerta, donde inhalo con una sonrisa mientras saco las llaves. "¡Mi Kariña!" dice Papi con una sonrisa, cuando entro.

Camino hacia la estufa donde él está ajustando la llama. "Mmmm, Papi, ¡qué buen olor tiene!" digo, al quitarme el abrigo y darle un beso. El hecho de que Papi está cocinando no es cosa nueva en nuestro hogar. Me crié con la imagen familiar de verlo en la cocina añadiendo especies y cantando alguna ópera a su audiencia de cebollas y pimientos. Si él no está cocinando, mi madre lo está; y casi siempre los dos están rebanando, pelando, probando y removiendo —llevando a cabo juntos su coreografía en la cocina.

No obstante, la imagen en muchos otros hogares hispanos es significativamente distinta. La mayoría de los hombres no se acercan a la estufa ni para llenar sus platos. Se sientan en sus tronos plásticos y esperan que sus esposas les pongan el plato delante y llenen sus vasos de jugo.

Cuando no era tan común que las mujeres trabajaran fuera de su casa, era razonable que ellas tomaran responsabilidad por el hogar en su matrimonio. Pero aun hoy, cuando la mayoría de las parejas casadas en América trabajan fuera de casa, es una injusticia que todo el peso doméstico caiga sobre la mujer.

Es aun peor cuando los hombres cristianos defienden este machismo cultural como si fuera un principio bíblico. En su libro *10 mentiras que la iglesia le dice a las mujeres*, J. Lee Grady (Creation House, 2000), el autor señala cómo la Biblia se ha usado para apoyar tales ideas, manteniendo a las mujeres en un estado de esclavitud espiritual y emocional. Él afirma que es una predisposición cultural, no un principio . . . lo importante es que escuchen a la dirección del Espíritu Santo y que busquen su voluntad para su situación.

Mis padres han trabajado tiempo completo durante todo su matrimonio. Ya sea lavando ropa, haciendo limpieza o lavando el piso, ellos trabajan como verdaderos compañeros. Aun hoy, cuando veo a mi madre y padre trabajando juntos en la cocina, sonrío al ver su maravillosa receta.

Oración

Gracias, Padre, por las parejas casadas que verdaderamente se aman y se honran unos a otros, y el ejemplo que dan a otros. Ayúdame a respetar y apreciar a otros en todas mis relaciones. Guíame con tu Santo Espíritu, para que yo pueda saber cómo debo compartir responsabilidades con aquellos que amo.

¿QUÉ HAY
EN UN NOMBRE?

✛

[T]rae de lejos mis hijos, y mis hijas de los términos
de la tierra, Todos los llamados de mi nombre;
para gloria mía los crié, los formé y los hice.
ISAÍAS 43:6B, 7

"BECKY," "MARY," "LISA," "KATE". Mi tía mira inútilmente a
la exposición de tazas de café, cada una con un nombre pin-
tado con esmero. Es atraída a las estanterías en una búsqueda imposible —de conseguir su nombre. "Irma", refunfuña para sí,
echando otra mirada al vacío entre Irene y Jane; "¿por qué me tu-
vieron que llamar Irma?" Nunca le ha gustado su nombre; como se
enreda en su pronunciación en inglés, y su exclusión de los recuer-
dos americanos. Cuando nació su hijo, le dio un nombre que podía
combinar, "Kevin"; sonríe tomando la taza con su nombre en la
sección de la letra "K".

Mi madre camina hacia la exposición y encuentra su nombre en un instante. No es su nombre de nacimiento, "Concepción", sino el nombre que ella se puso cuando tenía diez años. Se estaba lavando las manos en la escuela cuando miró a ver una muchacha grande planeando sobre ella. "No me gusta tu nombre", dijo la muchacha calmadamente, mientras empujaba a mi madre del fregadero. Después de la pelea, se bautizó ella misma con el nombre "Connie". Es el nombre que todos la llaman hasta hoy en día. Ella pone su taza en la canasta y añade dos más, "Diane" y "Karen". Mi hermana y yo nos encontramos en cualquier llavero o vaso a través de América, prueba, quizás, que pertenecemos.

Todos nos hemos criado con una imagen de "América" vista en la televisión, en revistas y tras las vitrinas interminables de las tiendas. Aunque los anuncios muchas veces no reflejan una imagen cierta de este país, la mayoría de los consumidores están entusiasmados por comprarla. Convencidas de este imagen, mi tía y madre se acercan al mostrador, contentas con las compras que han hecho. Sacan sus carteras mientras la cajera marca una venta más.

Oración

Señor, tu nombre es sobre todo nombre. Por tu asombroso amor me has llamado por ese nombre. Ayúdame a honrar mi identidad en ti, sin reparar si cabe o no dentro del ambiente.

COBIJADO

Con sus plumas te cubrirá, Y debajo de sus alas estarás seguro:
Escudo y adarga es su verdad. No tendrás temor de espanto
nocturno, ni de saeta que vuele de día;

SALMOS 91:4, 5

DESDE QUE ERA NIÑA, siempre me han aterrorizado las tinieblas. De noche me acostaba, congelada de temor, apretando mis ojos, rogando por quedar inconsciente. Mi cama era como un salón de torturas donde el sueño se tardaba en llegar. Tenía que cubrir cada pulgada de mi cuerpo; temía dejarme al descubierto a las imágenes de terror que veía alrededor. Las sábanas de algodón servían como un escudo de protección, pero nunca me aliviaban mis temores.

Las únicas noches que me sentía completamente segura eran aquellas que pasaba con mi abuela. Me cubría hasta la barbilla con el edredón pesado y me acurrucaba en sus brazos calurosos. En ese dormitorio bien oscuro, mi abuela comenzaba a orar. Sus suspiros suaves en español llenaban la oscuridad con un arrullo que me acariciaba hacia un sueño profundo. Me imaginaba que el edredón que me cubría en casa de mi abuela tenía un poder supremo, cien veces más que las frazadas que tenía en casa.

Han pasado los años, y con ellos mi terror nocturno ha pasado. Mi abuela también ha pasado. Extraño aquellas noches cuando me tomaba en sus brazos bajo el edredón. Pensé que nunca sentiría aquel calor y protección jamás, hasta que un día volvió a visitarme.

Los terrores diarios de la vida estaban al acecho esa mañana mientras caminaba hacia mi iglesia. El escudo de protección se sentía tan endeble como una sábana de algodón. Besé a algunos miembros de la familia de mi iglesia y me arrodillé cerca de una silla al comenzar la oración de intercesión. Una de mis hermanas en Cristo comenzó a orar por mí. Sus oraciones llenaron las tinieblas que estaba sintiendo en mi vida y, en un instante, sentí que una vez más estaba acostada al lado de mi abuela. Recordaba la paz que había sentido tantos años atrás, y pude entender la fuente de esa paz.

No existía un poder especial en aquella cama, en sus brazos y en el edredón. Era el santo amor de Dios hablando a través de mi abuela que calmaba mi temor. El calor del amor de Dios nunca puede ser quitado, ni por la muerte, ni con el paso del tiempo; me cubre como el edredón de mi abuela.

Oración

Oh Dios del cielo, tú eres mi luz y mi salvación; ¿de quién temeré? Ayúdame a realizar que la luz luce en las tinieblas, y que es como la luz del día para ti. No estoy escondida de ti. Gracias por el consuelo de tu amor embarcador. Cobíjame bajo tu protección, como la gallina cubre a sus polluelos bajo sus alas.

Un ritmo distinto

✛

Puso luego en mi boca canción nueva, alabanza á nuestro Dios.
Verán esto muchos, y temerán, Y esperarán en Jehová.
Salmos 40:3

La caravana de tres autos se acercaba a la casa adornada con las luces de Navidad en las ventanas. Cerramos las puertas del carro suavemente, tratando de contener nuestra risa y nuestro entusiasmo. Jackie tocó el timbre, y cuando finalmente la puerta se abrió, explotamos con canciones y aplausos. Pasamos la prima de Jackie —sus ojos abiertos con alegría, reflejaban sorpresa. Se unió a nuestra parada, pasando por la sala, la cocina y el comedor. Los otros miembros de su familia dejaban lo que estaban haciendo —dejando los periódicos, tenedores y el control remoto— y se unían a nosotros cantando música hispana navideña. Yo bailaba y aplaudía, excitada de mi primera "parranda". Era algo del cual había escuchado, pero nunca había experimentado.

Había volado a Miami para pasar los últimos días de la época de las fiestas con la familia de mi amiga. Durante la semana entera bailaba con la misma energía y ritmo hispano de la parranda, que extrañamente me hacía sentir un poco caucásica. Estaba entusiasmada por captar todos los sabores de esa semana, como si fuera un plato foráneo, exótico y nuevo.

No me había dado cuenta de lo americanizada que había llegado a ser mi familia. El ritmo hispano que una vez teníamos lentamente se había evolucionado a una canción distinta, y nunca lo había notado. Cuando era más joven, existía una rapidez en mi familia que se movía con un desorden dulce, y el ritmo estaba encabezado por voces mayormente hispanas. Estábamos centralizados alrededor de mis abuelos, quienes trajeron la cultura viva y marcaban el paso para todos nosotros. Su apartamento pequeño siempre estaba lleno con gente y energía, mientras el barrio hispano proveía la música débil de salsa en la calle.

Cuando nos reunimos ahora, la atmósfera tiene un tono distinto. En lugar del barrio hispano en Brooklyn, nuestras reuniones familiares son en el campo, acompañadas por la música de las aves y el movimiento de las hojas. Los cuartos apretados ahora son más espaciosos, y la energía es más reservada. Nos juntamos con menos frecuencia, con los asados al aire reemplazando las comidas semanales de arroz y habichuelas, y la voz de nuestro cántico nuevo es en inglés.

Volviendo en el avión a la ciudad de Nueva York, tenía visiones de todos los cambios que iba a iniciar en la familia. Nos reuniremos más frecuentemente y haremos el esfuerzo por hablar solamente en español. En Navidad, en vez de cantar "Silent Night", cantaremos "Noche de Paz". Me iba a comprar unos CDs de salsa

y le pediría a mis padres que me enseñaran a hacer apóstoles y habichuelas hispanas —de la bolsa, no de la lata. Ya podía sentir que
el ritmo estaba volviendo. Aun yo estaba planeando nuestra primera parranda.

Después de una semana o dos, mi entusiasmo se apagaba, y una
vez más me movía en mi ambiente. No obstante, no estaba completamente escaso el sabor hispano. Como miembro de una familia puertorriqueña con la mayoría de sus miembros criados en
América, la mezcla de dos ritmos es inevitable. Nos estamos moviendo a lo que sentimos natural, y no podemos forzar a las caderas más allá del ritmo de la música. Pero, mientras ahora bailo a
esta mezcla, presto atención más cercana al lado hispano —asegu-
rándome, a mi manera, de que su música no desaparezca.

Oración

*Señor, como aquellos que hacen juegos con su identidad dentro de dos
culturas, a veces me encuentro dando vueltas con mi identidad contigo, en el ambiente de este mundo. Ayúdame a nunca perder el sabor
del Espíritu que has puesto en mi corazón.*

RELLENO CON AMOR

Hospedaos los unos á los otros sin murmuraciones. Cada uno según el don que ha recibido, adminístrelo á los otros, como buenos dispensadores de las diferentes gracias de Dios.

1 PEDRO 4:9, 10

BIENAVENTURADO CUALQUIER reparador que hace algún trabajo en casa de mi tía Ali. No es necesario que agarre un emparedado en el deli cuando haya terminado su trabajo. Ella lo sentará a la mesa y llenará su plato con una buena comida casera antes de que salga por la puerta. Cualquiera que viene a su casa recibirá comida —aunque no lo estuviera esperando. Ha cocinado más de lo necesario, por sea caso, para que siempre haya abundancia.

Sentarse a su mesa es como lanzarse a un nuevo deporte extremo. Siempre uno está probando los límites de lo que puede meter en su estómago. Ni piense servirse un plato débil. "¿Eso es todo?" dirá, con un grito sofocado. "Sírvete más, hay abundancia". La comida es tan extraordinaria que uno teme el punto en el cual no puede tomar otro bocado —aun llegando a ese punto, uno toma unos bocados más. "¿Bizcocho?" dice con una sonrisa, mientras te sientas allí sin poder moverte, y con la correa conectada en el último espacio.

Mi tía no tiene problemas para expresar su amor con besos, abrazos y una sonrisa calurosa. Pero para confirmar como se siente, ella tiene la receta perfecta. En su cocina no se encuentran comidas congeladas ni se corta camino; todo se hace con paciencia y atención cuidadosa. No se encuentran libros de cocina, ni tampoco utensilios de medidas. "Pero, ¿cuántas cucharitas?" preguntan sus hijas, intentando aprender ese toque especial. "Una lo sabe", responde, mientras prueba, oliendo y añadiendo más pimiento.

Cuando se llevan los platos de la mesa, una se va, tambaleando, a la terraza donde siempre hay una brisa deliciosa del río Hudson. Con la caricia maternal de ese viento apacible, una cierra sus ojos y descansa en una silla bien acojinada, con el estómago y su alma bien llenos de amor.

Oración

Dios amado, gracias por aquellos que expresan su amor en abundancia. Ayúdame a abrir mi hogar, y compartir mi tiempo y talentos con amor y sinceridad. Pido que otros puedan sentir el consuelo y el calor de tu Espíritu en mí.

LAS MANOS
DE PAPI

✛

Y todo lo que hagáis, hacedlo de ánimo, como al Señor, y no á
los hombres; Sabiendo que del Señor recibiréis la compensación
de la herencia, porque al Señor Cristo servís.
COLOSENSES 3:23, 24

En PUERTO RICO mi padre trabajaba en los cañaverales, cortando las cañas dulces con un machete grande. Con cada caña que cortaba se acercaba más a tener el dinero para mudarse a los Estado Unidos, donde cambiaría su machete por guantes de lavaplatos. Lavó los sobrantes de papas y huevos hasta que eventualmente llegó al nivel de cocinero, preparando emparedados y ensaladas.

Sus muchos años de trabajar en restaurantes terminaron cuando se casó con mi madre y ella le consiguió una posición en la empresa donde ella trabajaba. Él guardaba los camiones para una compañia de camiones armados y tomaba otros trabajos para ganar dinero adicional. Cuando yo tenía nueve años, se compró un camión anaranjado desde el cual vendía salchichas ("perros calientes") bebidas frías y dulces. Yo estaba en un cielo dulce hasta que vendió el camión y, por un tiempo corto, manejaba un taxi.

Cuando mi madre comenzó a trabajar en un hospital en Brooklyn, otra vez le consiguió una posición. Trabajó como mecánico de mantenimiento mientras estudiaba en seminario y reparaba maquinas de lavar. Después de su graduación, sirvió como pastor de una iglesia hispana pequeña en la parte baja de Manhattan por catorce años.

Mientras yo me criaba, no pensaba mucho en cómo mi padre se ganaba la vida. Las manos que lavaron platos eran las mismas que limpiaban mermelada de mis mejillas. Las manos que preparaban emparedados para extranjeros también preparaban sopa en casa cuando yo me enfermaba. No sé lo que pensaban de él, los clientes a los que él servía, pero era mi padre, mi comediante, mi maestro y el gozo de mi corazón.

Una vez se disculpó de mi hermana y de mí por no haber hecho más por la estabilidad financiera que tanto quería darnos. No sé si él entenderá como me ha enriquecido la vida, y el orgullo que tengo de él. Ya fuera manejando el machete en los cañaverales o manejando la Espada del Espíritu desde el púlpito, ha dedicado la labor de sus manos al Señor y a su familia. Me crié descansando en esas manos competentes, de la misma forma que él descansaba su vida en las manos de su Padre . . . su Padre celestial.

Oración

Padre celestial, dame la fortaleza y una actitud correcta para todas mis labores. En todo lo que haga, úsame para tu gloria.

TEMPERAMENTO LATINO

✛

Airaos, y no pequéis . . .
EFESIOS 4:26

MIS AMIGOS que no son hispanos les gusta verme explicar algo del cual estoy apasionada. Las expresiones de mi rostro se exageran, el volumen de mi voz sube y mis brazos se agitan en su propio lenguaje de señales. No lo puedo evitar. Estos elementos saltan a la superficie sin pensarlo. Casi no realizo lo que estoy haciendo hasta que alguien me lo señala. "¡Wow, Karen, eres tan animada!" me comentan. Sin embargo la mayoría de los hispanos que conozco son igualmente expresivos cuando hablan.

Una expresividad explosiva es parte de la cultura hispana. Está en la sangre. El amor se expresa verbalmente y la lluvia de besos y abrazos lo confirman. Ya que el amor, el gozo y aun conversaciones corrientes se expresan con tanto vigor, la ira casi siempre sigue el mismo ritmo.

Las personas apasionadas, como yo, encontramos dificultad por mantener el equilibrio entre nuestros sentimientos y la forma en que los expresamos, especialmente en ocasiones de ira. Algunas veces, aun cuando no estamos tan molestos, la forma en que explicamos nuestro punto de vista se puede percibir como agresividad. "¡Qué quieres decir, no grites!" gritamos; "¡no estoy gritando!"

Habrá momentos cuando sentimos ira. La Biblia no condena esta emoción natural (Efesios 4:26), sino que nos ofrece maneras más fructíferas para expresarla. Vivir una vida piadosa no es una invitación para ser abusado, y nunca somos llamados a ignorar una situación negativa. Debemos expresar nuestra frustración en formas que no deshonren a Dios, nosotros, ni otros.

En situaciones ofensivas tengo que recordar que debo pensar antes de hablar, y prestar atención al lenguaje gestual y el tono de mi voz para que mi pasión no se interprete como ira. Sobre todo, siempre debo pedirle a Dios que dirija mi comportamiento y reacciones en toda circunstancia . . . especialmente las frustrantes.

Oración

Señor, Señor, ayúdame a ser un oyente entendido y uno que habla gracioso. Que mi habla siempre esté sazonado con discernimiento y usado con reserva. Eco las palabras del Salmista, quien dijo, "Sean gratos los dichos de mi boca y la meditación de mi corazón delante de ti, Oh Jehová, roca mía, y redentor mío". (SALMOS 19:14)

CRIANDO REYES

⳨

De quien todo el cuerpo, bien concertado y unido entre sí por las coyunturas que se ayudan mutuamente, según la actividad propia de cada miembro, recibe su crecimiento para ir edificándose en amor.

EFESIOS 4:16

M I TÍA DEJÓ su apartamento en Manhattan de mala gana para volver a vivir con sus padres en Brooklyn. La familia y sus amigos cargaron las cajas pesadas de las cosas que ella había coleccionado cuando vivía sola. No la dejaron tocar una sola cosa; la madre soltera que pronto daría a luz ya llevaba suficiente peso.

En el curso de su preñez hizo lo mejor que pudo para ajustarse al hogar tradicionalmente estricto que felizmente había dejado hacía dos años. La desaprobación de sus padres lo hizo aun más difícil, pero cualquier ira que llevaban dio luz al gozo cuando por fin tomaron a su nieto en sus manos. Así había nacido un rey, y ellos no podían ser más felices de lo que eran al servirle —especialmente mi abuela. Así comenzó la batalla de dos madres, cada una arraigada en sus propias ideas de cómo criar a mi primo.

En su infancia, las dos madres peleaban sobre cómo debería ser alimentado. Mi abuela no toleraba esas dietas débiles que sugerían esos médicos "zánganos". "¡Yo no las crié a ustedes así!" ladraba. "Lo estás privando de alimento".

La lucha se intensificó cuando él crecía. Mi primo era el machito de la casa y mi abuela lo consentía. Cuando tuvo edad para los quehaceres, mi abuela solamente le pedía que botara la basura y corriera a la bodega para comprar pan. Estas eran tareas aceptables para un hombre. Si mi tía le pedía que barriera la casa o lavara los platos, le quitaba la escoba o esponja de sus manos. "¿Vas a permitir que tu hijo haga el trabajo de una mujer?" gritaba mi abuela. "¿Lo estás criando para ser una ama de casa?" Mi primo no era tonto, y pronto aprendió a esconderse detrás de las ideas de su abuela cuando le convenía. En la minoría, y hastiada, mi tía casi siempre, después de discutir, se daba por vencida.

Las dos cuerdas umbilicales de mi primo fueron cortadas cuando se mudó al norte de la ciudad para estudiar en la universidad. Allí no le quedaba otro remedio sino preparar sus propias comidas, lavar sus propios platos y barrer sus pisos. Continuó velando por sí mismo después que se graduó y se fue a vivir aparte. Mantenía una casa inmaculada, especialmente la cocina, que él consideraba sagrada —según lo consideraba su abuela.

Pero cuando se casó, el reycito que mi abuela creó hizo lo posible para acomodarse la corona de nuevo. Como hombre de la casa, él sentía que habían ciertos quehaceres que él no tenía que hacer. Pero su esposa se había criado luchando con los asuntos de género en su propia familia hispana. De ninguna manera lo iba a continuar en su vida matrimonial. Los debates acalorados de la pareja reflejaban los argumentos de mi tía y su mamá, pero esta vez la tradición terca no prevalecería. Mientras que mi tía casi siempre era la que se daba por vencida, mi primo admite que ahora él es el que cocina la comida o lava los pisos, para mantener la paz.

En cuanto a mi tía, ha encontrado un papel nuevo para jugar —la abuela. "¿Por qué sigues dando esa agua en polvo después de seis meses? "¡Le estás privando de alimento!"

Oración

Señor, aunque todos hemos sido criados en formas que reflejan nuestras culturas y tradiciones, diríje mis acciones de acuerdo a tu voluntad. "Muéstrame, oh Jehová, tus caminos; Enséñame tus sendas. Encamíname en tu verdad, y enséñame; Porque tú eres el Dios de mi salud: En ti he esperado todo el día". (SALMOS 25:4, 5)

PERDIENDO
MI MENTE

✠

*Por nada estéis afanosos, sino sean notorias vuestras peticiones
delante de Dios en toda oración y ruego, con hacimiento de gracias.
Y la paz de Dios, que sobrepuja todo entendimiento, guardará
vuestros corazones y vuestros pensamientos en Cristo Jesús.*
FILIPENSES 4:6, 7

EN EL MOMENTO que entré en la cabina con mis bolsas pesadas, el olor débil a orín me impulsaba a volver a entrar al autobús para volver a Nueva York. El dinero era bueno, y pensar en trabajar con niños impedidos mentales parecía interesante, pero ahora me encontraba en un cuarto repleto de pañales de todos tamaños y guantes de hospital.

Los otros consejeros ya estaban arreglando sus camas estilo prisión, por tanto puse mis cosas en el piso y caminé hacia una bolsa grande llena de sábanas blancas. Pasé al lado de una niña que no podía tener más de siete años, que estaba haciendo unos sonidos lindos. Mi estómago se trastornó al pasar junto a una niña de quince años con un bulto obvio en sus pantalones.

"No hay ninguna manera que yo tocaré ese pañal", pensé, tendiendo la mano para tomar una almohadilla.

Cuando se arreglaron todas las camas, nos dirigimos al comedor para recibir un desayuno tardío. Mi estómago vacío gruñía con hambre mientras sentábamos a las niñas en sus sillas. Pero antes de que pude extender la mano para alcanzar un *bagel*, encontré que algunas de las niñas necesitaban ser alimentadas a mano. Christina, la de quince años, en pañales, tenía que recibir su comida preparada en una licuadora. Mezclé unos *bagel bits*, salsa de manzana y huevos revueltos en la licuadora y fueron mezclados en la textura perfecta color vómito. Después de semejante alimentación, mi apetito desapareció.

Pasé la siguiente hora en artes y manualidades, extrayendo lápices de colores mojados de las bocas, limpiando la pintura que caía al piso y oliendo el olor de pañales pesados que rogaban que los cambiaran. Cuando volvimos a la cabina, corrí hacia la niña más joven, y agarré una bolsa de pañales marcada "pequeños". "Tengo a Kimberly", exclamé con una sonrisa, aliviada que otra persona tendría que cambiar a las niñas más viejas. El día entero corrió a la misma velocidad desenfrenada, sin un momento de descanso. Cuando finalmente vestimos a las niñas en pijamas y apagamos las luces, caí sobre mi cama angosta con los nervios acabados y mi estómago vacío.

Al amanecer, tuve que arrastrarme de la cama. "Faltan cinco días", pensé, poniéndome los guantes plásticos. Las que madrugaron ya había cambiado los pañales y habían vestido a las chiquillas con la excepción de Christina, quién aún estaba bajo las sábanas. Me quedé quieta por un segundo y luego caminé hacia la bolsa de pañales tamaño grande. Ella estaba tirada sobre su cama, sonriente y con una risilla en sus labios. "Mírala", pensé, "no tiene ni una sola idea". Traté de sonreírme también y cambiar mi actitud negativa mientras le quitaba su camisa de noche. Maribel, una de las otras consejeras, vino para ayudarme, y no resultó tan difícil como pensaba. Realicé que, a pesar de su tamaño, dependía de mí como si fuera una pequeña.

Una vez vestida, le pasé un cepillo por sus cabellos y se los arreglé en un rabo de caballo lejos de sus ojos color café claro. Por un momento, ella parecía como cualquiera otra adolescente "normal". "Mira qué bonita eres", le dije, tratando de que me mirara. Pero ella meramente colocó la sábana sobre su cabeza y agarró un juguete plástico con el cual se pegada en el oído.

Ya para el almuerzo, Christina se había transformado en la imagen que yo encontré el primer día. Su pelo estaba engreñado y su ropa manchada de las actividades de la mañana. Mis ropas también estaban manchadas, y el trabajo sin tregua me tragó otra vez más al agotamiento. "No puedo más con esto", pensé, mirando a las papas majadas untadas en el pelo de Ana. Extendí mi mano hacia las servilletas con deseos de llorar, pero en vez de llorar, me reía. Limpié su cabeza, riéndome con mi misma, sintiendo que iba a quebrantarme en cualquier momento y me iba a untar papas sobre mis propios cabellos. En ese momento, escuché un chillido de risa a mis espaldas. Di la vuelta para ver a Christina, riéndose descontroladamente y echando la leche de su boca. Había leche por doquiera, en su rostro, su ropa y también sobre Maribelle, la

consejera que le estaba dando de comer. Maribelle y yo nos miramos una a la otra en asombro por dos segundos, antes de pro-
rrumpir en risa tan estrepitosa como la de Christina.

Cuando llegué, sentía por Christina y las otras por su inhabili-
dad de ser parte del mundo "actual". Pero en ese momento, entendí
y aprecié su mundo. El trabajo y el revoltijo me estaban llevando
más allá de la orilla, mientras Christina estaba en el centro de
todo, chillando con deleite. A ella no le importaba la leche en el
piso. Y mientras reía, tampoco me importaba a mí.

Oración

*Ayúdame a enfrentar las situaciones nuevas y desafiantes con la paz
que solo tú puedes dar. Pido tu cuidado especial y tu bendición para
aquellos que se enfrentan a la lucha diaria de retos mentales y físicos.
Viven en un mundo que está centralizado a favor de personas sin des-
ventajas. A menudo son deshabilitados por los obstáculos que nosotros
ponemos delante de ellos. Gracias por su coraje, y su habilidad de sobrevivir a pesar de las dificultades. Enséñame a a enfrentar cada día
con la misma fortaleza.*

EN MI VIEJO SAN JUAN

✤

Bien que los sembraré entre los pueblos, aun en lejanos países se
acordarán de mí; y vivirán con sus hijos, y tornarán.
ZACARIAS 10:9

CUANDO MI PADRE fue un niño en Puerto Rico, muchas
veces visitaba a un amigo mayor de la familia que vivía cerca.
Mi padre siempre era atraído a una guitarra guindando silenciosamente a la pared. Cuando el anciano notó su interés, la bajó para
mostrarla al jovencito curioso. Sus dedos envejecidos bailaban por
las cuerdas, y comenzaba a cantar las preciosas canciones folklóricas de Puerto Rico. Esto encendió una chispa en mi padre —el
deseo de aprender, y pronto se hizo alumno del anciano.

La música siempre le ha traído placer a mi padre, pero cuando
siendo un hombre joven se mudó para Nueva York, la música alcanzó un significado más profundo. La ciudad de Nueva York era
un mundo ajeno de inglés y concreto. Los días tropicales y las no-

ches calurosas cambiaron a un viento friolento y nieve espantosa. No se encontraban las vistas de montañas, playas, palmas y campo agricultor. Aquí no existían horizontes, y los edificios interminables, que tapaban el cielo, eran como si fueran rejas.

Encerrado en apartamentos pequeños, mi padre tocaba su guitarra y cantaba las canciones de la isla tan lejana. Cuando cerraba sus ojos para cantar, no le quedaba otro remedio a la habitación pequeña sino estrechar sus paredes para acomodar los cañaverales, las selvas tropicales, las puestas de sol ardientes y los caminos del campo.

Toda mi vida, mi padre ha llenado nuestro hogar con las canciones agridulces de anhelos y gozo. La que más he llegado a amar es "En mi Viejo San Juan". Es una de las canciones que él canta con más pasión, y la que describe mejor lo que siente cuando canta. El compositor habla de la isla que dejó para vivir entre extranjeros; pero dejó su corazón junto al mar en su Viejo San Juan. Él canta del deseo de regresar a su hogar algún día. Cerca del final de la canción el autor revela que ya está demasiado viejo y frágil para volver. Realiza que morirá lejos de la isla que tanto ama.

En contraste con la canción, mi padre ha podido visitar la isla que dejó atrás. A pesar de las dificultades y ajustes, ha encontrado felicidad en su tierra nueva en la ciudad. Es donde ha encontrado a su amor, crió a su familia y pastoreó una iglesia. Pero durante esos tiempos cuando las paredes lo encerraban, y el campesino deseaba nadar en los ríos, subir los árboles y correr al aire libre, cierra sus ojos y vuelve a Puerto Rico con su voz y una guitarra.

Oración

Señor, algunas veces me siento lejos de tí, como si estuviera en otra tierra. Ayúdame a recordarte y extenderme hacia tu Espíritu con canciones de alabanza.

CORITOS

ALABA, oh alma mía, á Jehová. Alabaré a Jehová en mi vida:
Cantaré salmos á mi Dios mientras viviere.
SALMOS 146:1, 2

CUANDO DEJÉ la congregación hispana para asistir a una iglesia de habla inglesa a la cual me sentí llamada, me sentí como
una extranjera en la casa de un ajeno. Aunque estaba emocionada al
comenzar una jornada nueva en un lugar lleno de posibilidades, extrañaba la comodidad y la intimidad de mi vieja iglesia. Las cosas
que siempre se sentían natural y normal habían desaparecido. Extrañaba las preciosas ancianas que solían tomar mi rostro en sus manos
delicadas, expresando palabras de amor y bendición. Extrañaba la
poesía de oraciones en español, y más que otra cosa, extrañaba el
sazón de nuestra adoración. Las congregaciones hispanas cantan coritos que están llenos de energía y vida. Le dan el deseo a uno de pararse de su asiento, aplaudir y mover sus caderas de lado a lado.

Los coritos tampoco se limitan para los domingos. La iglesia hispana está tan saturada de estos cánticos que casi son parte del lenguaje. Durante una de nuestras comidas frecuentes, alguien comienza a murmurar un corito mientras sirve el arroz; otro sirviendo soda prorrumpe en canto, hasta que, eventualmente, el lugar entero está cantando, moviéndose y creando instrumentos con las tazas y los utensilios. La música expresa nuestro gozo, nuestro amor por Cristo y el sabor de nuestra maravillosa cultura.

Años más tarde, estoy más en casa en mi iglesia de habla inglesa. No obstante las diferencias en cultura y adoración, me siento como un verdadero miembro de la familia, y sé que Dios me ha puesto allí con algún propósito. La congregación no solamente me ha abrazado como una de ellos, sino que también han abrazado mi cultura hispana. Han aprendido con entusiasmo algunos de los coritos hispanos y los han incorporado en la adoración y alabanza. Cuando me paro delante de la congregación para dirigir las canciones, los veo levantarse de sus asientos, aplaudir con sus manos y mover sus caderas de lado a lado, cantando con el sabor que conozco tan bien.

Oración

Recibe mi gratitud, Oh Dios, a través de la alabanza. Gracias por haber puesto una canción nueva en mi corazón. Levanto mi voz hacia ti desde las profundidades de mi ser. Qué mis canciones de alabanza alanceen tus oídos como oraciones de gratitud.

LA JORNADA HACIA LOS MAHONES

✤

*. . . Jehová mira no lo que el hombre mira; pues que el hombre mira
lo que está delante de sus ojos, mas Jehová mira el corazón.*
1 SAMUEL 16:7

"¿POR QUÉ ESTÁS HACIENDO ESO"? le preguntaba a mi
madre cuando salíamos del auto. Ella estaba enrollando sus
pantalones hasta que quedaron escondidos debajo de su abrigo
largo. "Tu abuelo", respondió, tomando mi mano para cruzar la
calle. Subimos las escaleras y tocamos a la puerta de mis abuelos.
"Mami", llamaba mi madre en un suspiro urgente cuando mi
abuela abrió la puerta, "pásame una falda". Unos pocos minutos
más tarde volvió con una falda que mi madre puso sobre sus pantalones en el pasillo. Mi madre había usado pantalones por más
tiempo de lo que yo recordaba, pero nunca había realizado hasta
ese momento que guardaba ese secreto de mi abuelo.

En los tiempos de mi abuelo, las mujeres respetables en Puerto

Rico no usaban pantalones. Aunque crió a sus hijos en América, esta creencia estaba fijada en su mente. Esta idea cultural había penetrado en la mayoría de las iglesias hispanas en América, y este hecho solidificó su convicción. Como una hija obediente, mi madre cumplía. Ella nunca se compró pantalones hasta que era una mujer casada.

El día en que mi madre compró su primer par de pantalones, se quedó buscando con reserva en el montón de mahones doblados. Su hermana, determinada, revolvía el montón hasta encontrar la talla de mi madre. "Quizás no debo hacer esto ahora", mascullaba mi madre. "Esto no se siente bien". Su hermana le tiró los pantalones a mi madre. "¡Por el amor de Dios, Connie, solo pruébatelos!" Aunque siempre deseaba usar pantalones, no estaba segura si estaba desobedeciendo a Dios o a un mandamiento humano. Ella se había criado con la prohibición de usar pantalones, y aquí se encontraba probándose unos.

Mi madre usó sus pantalones nuevos en un picnic de la oficina en el Lago Welch. Se apeó del carro temiendo su debut atrevido, y caminó hacia el grupo de sus compañeros de trabajo, sintiéndose desnuda. "Aquel día fue tan extraño", recordaba, "usando pantalones se sentía tan bueno, pero a la vez, incómodo. Me sentía liberada y, a la misma vez, culpable".

Después de ese par, ella añadió unos más a su vestuario, pero nunca los usaba para asistir a la iglesia o durante las visitas a su padre, que para este tiempo ya estaba postrado en cama. Cuando los usaba, miraba a sus espaldas, paranoica de que se encontrara con uno de los hermanos o hermanas de la iglesia. Poco a poco, fue cambiando su actitud.

Hoy ella tiene más pantalones en su ropero que faldas y trajes combinados, sin mencionar los pantalones cortos y zapatos con punteras abiertas que ella nunca hubiera considerado en el pasado. Su vestuario ahora contiene una variedad de estilos, patrones y colores —ya no más en conformidad con un estilo o diseño. Ella ha aprendido a soltar las convicciones de otros y vivir de acuerdo a aquellas que Dios mismo puso en su corazón.

Oración

Señor, gracias por ver dentro de mi corazón y conocer quien soy en realidad. Quita cualquiera tendencia que tenga para juzgar a otras personas a base de su apariencia exterior. Ayúdame a buscar tu voluntad y a seguir la dirección de tu Espíritu. Cuando lo encuentre muy difícil, enséñame a diferenciar entre lo que verdaderamente pides de tus seguidores y lo que son puramente interpretaciones culturales de la Escritura.

TODOS SUS HIJOS

⊹

Vosotros pensasteis mal sobre mí, mas Dios lo encaminó a bien,
para hacer lo que vemos hoy . . .
GÉNESIS 50:20

L AS LUCES VERDES y rojas de Navidad relucían de los pedazos de papel de envolver esparcidos por el piso. Los niños estaban brincando en el apartamento pequeño, emocionados por sus
regalos. Fue la primera vez que su padre podía derrochar dinero en
regalos buenos, y él se estaba deleitando en la reacción de su hijo
y su hija.

Esa Navidad tomó lugar antes de que yo naciera —antes de que
mis padres se enamoraran. Mi padre estaba celebrando las fiestas
con su familia, la única que él pensaba que iba a tener. ¿Cómo podría ver él su vida sin ellos, especialmente durante momentos tan
felices como estos? Pero en apenas unas semanas su esposa le
anunció que lo estaba dejando e iba a enviar los hijos a Puerto

Rico. Mi hermano y hermana fueron enviados para ser criados por su tía y su abuela, mientras que su madre permanecía en Nueva York con otro hombre. Mi padre lamentó la pérdida de su familia en el apartamento vacío y silencioso.

Los años pasaron y pronto él estaba celebrando otra Navidad con mi madre, mi hermana y yo. Mientras abríamos los regalos que él nos trajo, debería ser agridulce vernos saltando en el apartamento como sus otros hijos lo habían hecho años atrás. Aunque nos placía visitar con mi hermano y con mi hermana, el tiempo siempre resultaba demasiado corto, y las despedidas siempre fueron acompañadas con lágrimas.

Cuando nos reunimos como familia para celebrar las fiestas hoy, las lágrimas han perdido el aguijón de hace ya mucho tiempo. La emoción de estar juntos nos mantiene despiertos tarde en la noche cuando nos enrollamos unos con otros, riendo y hablando por horas. Mis momentos favoritos son cuando mi hermano saca la guitarra y cantamos las canciones folklóricas de Puerto Rico, tales como "Lamentos borinqueños" y "En mi Viejo San Juan". Todos cantamos, harmonizando en acordes distintos. Mi padre cierra sus ojos mientras canta su parte de tenor, deleitándose en esos momentos dulces . . . con todos sus hijos.

Oración

Gracias, Señor, por transformar las situaciones dolorosas en ocasiones de gozo. Ayúdame durante esos tiempos cuando no puedo ver más allá de la tristeza de mi situación. Recuérdame que tú tienes el poder para cambiar las lágrimas de tristeza a lágrimas de alegría.

MARTA, MARTA

✣

Si Jehová no edificare la casa, En vano trabajan
los que la edifican . . .
SALMOS 127:1

"¡NO HAY SUFICIENTE COMIDA!" Esto es lo que se me dijo
dos horas antes de la comida de aniversario de la iglesia.
Todos los huéspedes, incluyendo los que no estábamos esperando,
estaban sentados cómodamente en el santuario con aire acondicionado. Salí corriendo por la calina del verano en mis zapatos de taco
alto para buscar los ingredientes para nuestro cocinero interino.
Volví con dos bolsas pesadas y las vacié sobre la mesa. "Bien", dijo él
(ya estaba sudando con el calor de la cocina), "lava esos y luego corta
aquellos". Después de completar mis tareas, corrí al comedor para
ver como iban las cosas. Las luces estaban apagadas y las mesas todavía no se habían armado. Corrí hacia el santuario y arriba para
encontrar a alguien que me ayudara. Ahhh, el aire acondicionado

se sentía tan bueno, pero dos minutos más tarde había regresado a la cocina caliente, sacando mesas enormes con la ayuda de un amigo.

"Karen", gritaba el cocinero, "Voy a necesitar más pimientos y otro paquete de carne picada". Otra vez salí corriendo con los zapatos que ya estaban cortando la piel. En dos horas no pude parar por un solo momento. Hubo un tiempo en que tuve que correr al segundo piso, recobrar la respiración, limpiar el sudor de mi rostro y cantar un solo en el servicio. Fue el único momento de paz antes de volver abajo para trabajar.

Yo no era responsable por planear el evento, pero por alguna razón, el revoltijo de última hora cayó sobre mí. Estaba agotada. Finalmente los invitados bajaron y yo les serví detrás de las mesas de comida. Mi estómago estaba gruñendo, mis nervios dañados y mis pies destruidos.

Este día fue especialmente intenso, pero hacer juegos de tareas múltiples no era algo nuevo. Cuando una asiste a una iglesia pequeña, una tiene que llenar el requisito por falta de manos —especialmente cuando eres la hija del Pastor. Yo tenía tantas responsabilidades que cuando pensaba en una iglesia, la imagen que venía a la mente era de trabajo. La comunión con Dios estaba en segundo lugar. Aunque intentara moverlo a un lado, el peso de la tarea parecía clamar por mi atención.

Cuando llegué a casa esa tarde, estaba completamente agotada. Pensé en la iglesia de mi amiga, la que yo estaba visitando de vez en cuando por casi un año. Cada vez que salía de su culto, me sentía alimentada, refrescada y en contacto con Dios. No pude recordar la última vez que me sentía así saliendo de la mía. "Señor", oraba, "No sé lo que debo hacer. Una parte mía desea irme a la otra iglesia, pero ¿cómo puedo dejar mi iglesia donde hay tanto que hacer? ¿Quién haría todo el trabajo?"

Esa noche estaba leyendo el Evangelio de Lucas. Había estado leyendo un capítulo cada noche, y ahora estaba en el capítulo diez. Cuando llegué al verso treinta y ocho, Dios contestó a mi oración tan claro como si estuviera sentado a mi lado. La lectura decía . . .

Aconteció que yendo de camino, entró en una aldea; y una mujer llamada Marta le recibió en su casa. Ésta tenía una hermana que se llamaba María, la cual sentándose a los pies de Jesús, oía su palabra. Pero Marta se preocupaba con muchos quehaceres, y acercándose, dijo: Señor, ¿no te da cuidado que mi hermana me deje servir sola? Dile, pues, que me ayude. Respondiendo Jesús, le dijo: Marta, Marta, afanada y turbada estás con muchas cosas. Pero sólo una cosa es necesaria; y María ha escogido la buena parte, la cual no le será quitada.

Con cada palabra, el peso de mi carga se levantaba de mis hombros. Yo estaba actuando como una esclava, sometida a un maestro distante, cuando todo lo que él quería era que su hija estuviera sentada a sus pies para conocerlo como un padre y amigo.

Durante el año me hice miembro de mi nueva iglesia y dediqué mi tiempo para dar fuerza a mi relación con el Señor. Yo ahora soy parte de varios ministerios, pero mi servicio ahora no es una prioridad. Cuando hablamos de mi iglesia anterior, no se ha caído sin mi presencia como yo tan arrogantemente temía. Su iglesia y sus gentes descansan en las manos de él, no las mías.

Oración

Dios amado, gracias por comunicarte conmigo por medio de tu Palabra viva. Yo sé que "Toda Escritura es inspirada divinamente y útil para enseñar, para redargüir, para corregir, para instruir en justicia". (2 Timoteo 3:16) Ayúdame a meditar en tu Palabra y comunicarme contigo con devoción y oración. Que nunca ponga algo mayor que mi tiempo contigo.

FIGURA PATERNA

✣

Yo publicaré el decreto: Jehová me ha dicho: Mi hijo eres tú;
Yo te engendré hoy.
SALMOS 2:7

MUCHOS DÍAS, después de sus clases, mi primo se sentaba con nuestro abuelo en la pizzería de la esquina. La corbata del uniforme de la escuela de Kevin descansaba junto al orégano y el pimiento mientras estiraba el queso mozzarella de sus labios en un cordón blanco largo. "Papá", Kevin mascullaba con su boca llena de queso y salsa de tomate, "¿tienes la pelota?" Cada día, después de un bocado de comida, los dos iban camino al parque para tirar pelotas unas horas. Mi abuelo metía sus manos ancianas en el guante de béisbol y lo presentaba para recibir las pelotas lanzadas por Kevin. Cuando el cielo se tornaba en un azul oscuro, caminaban juntos al apartamento pequeño donde vivían con mi tía y mi abuela.

Como muchos de los adolescentes en el barrio, Kevin nunca

conoció a su padre biológico. Un hogar de un solo pariente era una estructura familiar normal, pero Kevin tenía mucho más. Él llamaba "Papi" a nuestro abuelo porque es el papel que escogió.

La otra figura de padre que tenía Kevin era su madre, quien tenía que desempeñar los dos papeles, especialmente cuando se hablaba de disciplina. Mi abuelo, quien era un experto en aplicar la ley para sus propios hijos, parecía perder toda habilidad cuando llegaba a su nieto. Si estos dos no fueran suficientes para llenar el vacío de un padre ausente, Kevin tenía un tercer padre —su tío. Mi padre y Kevin hacían recados juntos, pescaban juntos y, cuando Kevin lanzaba en la Liga de Béisbol de Menores, su tío estaba en los asientos con el resto de la familia, para apoyarlo.

Durante uno de esos juegos, Kevin lanzó un juego sin permitir un *hit*. Fue un momento de orgullo, especialmente entre él y mi abuela. El equipo completo firmó la pelota y mi primo la conservó por muchos años después del juego. Cuando mi abuelo murió después de una enfermedad larga, Kevin escribió sus despedidas en un espacio de la pelota y la puso en el ataúd.

Años más tarde, Kevin le enseñó a su propio hijo cómo lanzar una pelota con el mismo amor y paciencia que recibió tantos años atrás. Mientras el padre se sentaba junto a su hijo en una pizzería, el niño de cuatro años le preguntó con una boca llena de salsa de tomate, "Papi, ¿dónde está tu papi?" La pregunta tomó a Kevin de sorpresa, pero después de unos momentos, simplemente le respondió, "No sé, nunca le he conocido".

Posiblemente no hay mucho que pueda decir de un padre que nunca fue padre. No obstante siempre puede compartir las historias y puede pasar a su hijo el amor de aquellos que felizmente tomaron su lugar.

Oración

Amado Padre celestial, gracias porque siempre provees para nosotros de acuerdo a cada necesidad. Levanto en oración a aquellos que no conocen sus padres biológicos y pido que, a pesar de su ausencia, tú sigas llenando sus vidas de amor. Sobre todo, te doy gracias por haberme recibido como hija tuya (Salmos 27:10). Eres un padre amoroso que nunca me dejarás.

A LA EDAD
DE DIEZ

✣

Con Cristo estoy juntamente crucificado, y vivo, no ya yo,
mas vive Cristo en mí: y lo que ahora vivo en la carne,
lo vivo en la fe del Hijo de Dios, el cual me amó,
y se entregó á sí mismo por mí.

GÁLATAS 2:20

ESTABAN EN CAMINO al teatro cuando se acercaron a una iglesia pequeña en la esquina. El ministro estaba frente al edificio. Habían sido muchos años desde que hablaron, y cuando la llamó por su nombre ella corrió para saludar a su amigo. Mi madre, quien tenía diez años, escuchó en silencio a la conversación. La discusión amistosa y relajada entre el ministro y su madre era algo nuevo y curioso. Todos los líderes de iglesias que ella había conocido anteriormente parecían distantes e inaccesibles. Solían pararse en el altar como santos temibles que deberían ser reverenciados, no encontrados como amigos.

Hasta ese momento, todo lo que conocía de Dios parecía una caja de rompecabezas sueltos. La figura no estaba clara y ella no tenía la menor idea cómo comenzar a juntarla. Había un lugar vago que se llamaba el cielo y otro lugar temeroso llamado infierno, pero, cómo llegar al lugar correcto era un misterio. Tan temerosa de ir al infierno, ella acostumbraba a orar que Dios la dejara morir siendo niña. "Todos los niños llegan al cielo", pensó. "Si muero antes de cumplir once años, Dios tiene que permitirme vivir con él".

El ministro las invitó al servicio de la tarde que estaba al punto de comenzar. Había algo afectuoso en el ambiente que parecía poco familiar en un escenario de iglesia. Uno se sentía cómodo, como si estuviera en casa. La gente, que eran extranjeros, saludaron a ella y a su mamá como si fueran familia cercana. No llegaron a ver la película que habían planeado ver, pero al sentarse antes de comenzar el servicio, se sentían más emocionadas que durante cualquier película que jamás hubieran visto.

Pronto estaban asistiendo a la iglesia cada domingo y cada miércoles después de la escuela. Las preguntas que tenía anteriormente comenzaron a recibir respuestas y ya no oraba para que Dios se la llevara al cielo a la edad de diez años.

Una tarde, durante un culto del miércoles, preguntaron si alguien quería aceptar a Cristo en su vida. Mi madre pasó al frente y dedicó su vida al Señor. Cuando daba su testimonio, siempre dijo, "De cierta manera, sí morí a la edad de diez años, según había orado. Morí para mí misma para que Cristo viviera en mí".

Oración

Señor, aun como adultos, nuestra imagen de ti no siempre es muy clara. Ayúdame a buscar claridad y revelaciones a través de tu palabra. Gracias por aquellos siervos que enseñan y retan a otros a conocerte mejor.

RENACIMIENTO

✠

Y si el Espíritu de aquel que levantó de los muertos á Jesús mora
en vosotros, el que levantó á Cristo Jesús de los muertos,
vivificará también vuestros cuerpos mortales por su
Espíritu que mora en vosotros.
ROMANOS 8:11

ERA UNO DE ESOS DÍAS lóbregos y deprimentes. Había mucho por hacer, pero yo no tenía motivación para moverme. Optando por revolcarme en mi miseria, me sujetaba a la comodidad de mi cama. Las almohadas estaban mullidas, los edredones frescos y afectuosos, y acababa de abrir una caja de galletitas de *chocolate chip*. Tomé el control remoto y comencé a cambiar los canales, buscando algo que podría mirar.

Me encontré con un documental interesante de un grupo de músicos ancianos en Cuba. Después de años de jubilación, se les otorgaba la oportunidad de interpretar su música una vez más.

Antes de presentar una de sus funciones, los hombres ancianos se encontraban sentados en las sillas y las camas en su habitación en el hotel. Parecían tan faltos de vida como yo me sentía en ese mismo momento. Sus movimientos eran lentos y parecían muy frágiles, como si la vida comenzara a empeorarse. Pero la próxima escena me tomó por sorpresa.

Estaban en el escenario delante de una audiencia electrificada. El guitarrista, que unos segundos atrás parecía estar en su lecho de muerte, ahora estaba bailando por la plataforma mientras tocaba su guitarra. Otro anciano esquelético estaba sentado al piano, sus dedos largos atacando las teclas como si fueran arañas frenéticas. La energía que estos ancianos exhibían cuando creaban su música maravillosa me hizo sentir un poco estúpida de quedarme acostada en la cama al mediodía.

Tan frecuentemente nos encontramos como zombis de una forma u otra, como si no hubiera vida en el interior. Arrastramos nuestros pies por la vida, permitiendo que las desilusiones, las tristezas y el estrés nos abrumen. Mientras miraba a los ancianos bailando en la plataforma, decidí pedirle a Dios que revitalizara mi espíritu, en vez de enterrarme en mis malhumores. Me quité las cubiertas y bailaba al ritmo de su música mientras me preparaba para enfrentar un día nuevo.

La guitarra se encuentra callada y quieta,
Al lado del anciano.
El barniz, que antes brillaba, está desteñido y apagado,
su color ya no es más que el de un intenso café rico.
El anciano despierta en el silencio,

luchando por escaparse del llamado profundo del sueño.
Estirando sus huesos como una caja rústica de música.

Se sienta a la orilla de su cama,
los párpados llevando el tictac como un reloj silencioso,
Luego estira sus manos para despertar a la guitarra dormida.

Sus dedos fríos tocan las cuerdas inmóviles,
venas congeladas volviendo a vida.
La música prorrumpe de su toque mutuo,
y emerge del silencio como el alumbramiento de un niño.

Oración

Señor, miro hacia ti en tiempo de desilusión y cansancio. Me has dado mi vida y tu Espíritu vive en mí. Respira nueva vida en mí cuando me siento vacía y reavívame con un sentido de propósito en tu voluntad.

PROSIGUIENDO
A LA META

[P]rosigo a la meta, hacia el premio del supremo
llamamiento de Dios en Cristo Jesús.

FILIPENSES 3:14

"BIEN, KAREN, tú tomas la bolsa amarilla, yo tengo esto, y Connie, no te olvides de las sodas". Mi tía Irma dio una reseña a la situación, marcando mentalmente la lista de cosas por hacer. Como siempre, ella toma el cargo, mostrándonos lo que debemos tomar y donde colocarlo. "Bien, Geño, necesitaremos tu ayuda para levantar esto"."¿Listos? A partir de mi cuenta . . . uno, dos y tres".

El carro está casi completamente empaquetado para otro fin de semana que mi tía ha planeado. Definitivamente ella es una líder, y con frecuencia, mi familia lo necesita. Sin ella, nuestra vida hubiera sido menos azarosa. Ella es la que nos sacaba de la casa y nos introducía a la vida. Ferias, conciertos, asados y vacaciones, todos fueron posibles por nuestra planificadora de eventos. Ella me llevó a mi primer musical en Broadway cuando tenía diez años, me introdujo a toda clase distinta de comida y constantemente me retó a hacer cosas que yo no pensaba poder hacer —incluyendo mi primera carrera en la montaña rusa. Irma era la tía de diversión que yo siempre quería tener a mi lado, pero de mayor importancia, era mi segunda madre. Nosotras éramos las hijas que ella nunca tuvo y las hermanas de su único hijo.

En una de nuestras salidas, Irma se dobló con dolor. Ella había estado enferma ya por algún tiempo con lo que algunos creían era Lupus. No obstante, ésta fue la primera vez que la había visto con tanto dolor.

"Vamos a ir", yo decía, con un estómago nervioso, "Vamos a ir a casa".

Me miró del reojo como si estuviera intentando entender mis palabras. "¿Estás hablando en serio?" preguntó finalmente. "Hija, si yo volviera a casa cada vez que siento dolor, nunca la dejaría". Después de unos minutos de descanso, ella estaba de pie, y nuestros planes quedaban intactos.

Siempre había conocido a mi tía como una persona resuelta, pero ese momento fue cuando realicé lo fuerte que realmente era. La admiré y sigo admirando su amor testarudo por la vida. Años más tarde los médicos diagnosticaron de nuevo su enfermedad como escleroderma. Existen dos tipos de esta enfermedad, y afortunadamente, ella tiene la forma más pacífica.

"No es el tipo sistémico que te mata", dice ella. "Solamente tengo la que te tortura para el resto de tu vida". Ella no permite que la enfermedad la detenga de hacer lo que desea o necesita hacer. Se traga su surtido de pastillas en la mañana y parte para su trabajo, o para ver una película, o ir a una buena rebaja en Wal Mart.

Tiro la bolsa amarilla dentro del carro y finalmente estamos listos para partir. Ella le da una mirada final a todo, y se sienta en el sillón del chofer. "Ya, ¿estamos listos?" pregunta, mientras mete la llave en el arranque. El motor arranca y ella sale del garaje con una sonrisa, "¡y salimos!"

Oración

Gracias, Señor, por el ejemplo de aquellos que se esfuerzan en la vida sin temor, a pesar de sus circunstancias. Ayúdame a aprender de ellos y dame la fuerza para vivir la vida con la misma determinación.

TEMOR de FREIRSE

Cuando yo era niño, hablaba como niño, pensaba como niño,
juzgaba como niño, mas cuando ya fui hombre hecho,
dejé lo que era de niño.

1 CORINTIOS 13:11

NUNCA IMPORTABA lo blandita que estuviera la almohada, o cuánto sueño yo tenía por las madrugadas. Siempre estaba lista para prepararme para asistir a la escuela. Lo único que mi madre tenía que hacer era gritar, "Me van a botar!" Hasta que tenía ocho años, yo pensaba que la palabra *fired* literalmente significaba que su jefe le iba a prender fuego si llegaba tarde al trabajo.

Siempre estaba corriendo descalza por la madrugada, sin peinarme el pelo, buscando los zapatos y los libros mientras nos tragábamos el desayuno.

* * *

Durante los días feriados o aquellas mañanas cuando me levantaba sintiéndome enferma, mi madre me llevaba al apartamento de mi abuela. Con frenos chillando, llegaba, tocando la bocina y tambaleaba conmigo a la puerta del frente. Cuando mi abuela aparecía a la cabecera del escalón largo, mi madre gritaba, "Gracias, Mamá", me besaba en la frente y volvía al carro. Respirando profundamente, que era más un suspiro de alivio, subía los escalones lentamente y me dirigía hacia el olor de tocino con huevos. Mi abuela me llenaba el plato mientras y me sentaba a la mesa con un sentido de calma.

Esos días que yo pasaba con mi abuela incluían caminatas a las tiendas, donde ella compraba todos los comestibles para sus comidas famosas. Un día caminamos hacia una de nuestras paradas usuales. Un lugar que yo llamaba "la casa de gallinas". Éste era un gran edificio de ladrillos rojos y se podía oír y oler antes de llegar a la entrada. Dentro del espacio grande se encontraban enormes jaulas de metal, una sobre la otra. Cada jaula estaba llena de gallinas ruidosas luchando por alcanzar el frente de la jaula, donde ponían su comida. Miraba mientras centenares de cabezas salían por las rejas para picotear los baldes amarillos conteniendo la semilla. Siempre habían algunas gallinas caminando libremente en el piso, y yo las ahuyentaba para verlas correr.

El hombre de la tienda saludó a mi abuela como acostumbraba, intercambiando palabras en español, mientras ella señalaba hacia una de las gallinas tras las rejas. Y yo estaba acostumbrada a verlo abrir la jaula y agarrar un par de patas rojas y flacas. Él caminaba, llevando la gallina boca-abajo batiendo sus alas y dejando rastros de plumas blancas en el piso. Cuando amarraba la gallina y la pesaba, la llevaba a un cuarto en la parte trasera, y cerraba la puerta.

Aquel día había más personas en la tienda que lo usual. Mi abuela hablaba con una de sus vecinas mientras el hombre trabajaba con más velocidad que lo acostumbrado. Una de las gallinas sueltas estaba cloqueando lentamente cerca de mí. Salté hacia ella y saltó con un graznido, soltando una nube de plumas en el aire. La corrí por la tienda hasta que me faltaba la respiración. Cuando me detuve, me encontré parada frente a la puerta misteriosa detrás de la tienda. Cuando mire hacia arriba, el hombre llevaba un cuchillo enorme sobre una gallina que gritaba y rápidamente martilló la hoja del cuchillo sobre su cuello. Me quedé completamente congelada cuando él alzó la gallina decapitada y salió sin notar mi presencia.

Después de la decapitación, yo tuve pesadillas repetidas por meses. En ellas, yo me encontraba encerrada en una jaula con mi madre y mi abuela, comiendo semillas dentro de un balde amarilloso, cuando observé una gran gallina vestida como una niñita. Parada al lado de ésta se encontraba una gallina abuela aún más grande que la primera, señalando a nuestra jaula. Las tres nos abrazábamos y llorábamos mientras una mano enorme nos alcanzaba y agarraba a mi madre por sus zapatos rojos.

Cuando terminamos las compras, volvimos al apartamento, donde Alela preparó la cena. Escuchaba el burbujeo de la gallina cocinando sobre el fuego y me encogía. Cuando sirvieron mi plato, me senté a la mesa y me comí cada grano de arroz y todos mis vegetales, incluyendo el brócoli, que yo detestaba. No toqué el pollo.

"Cómete el pollo", demandaba mi abuela mientras contestaba una llamada en el teléfono. La empujaba con mis dedos y hasta corté un pedacito, pero no comí ni un solo bocado.

Ella volvió y se sentó a la mesa a mi lado. "Ésa fue tu mami. Te viene a buscar tarde. ¿Okay?"

"¿Por qué?"

"Porque su jefe quiere que ella trabaje tarde".

"Pero . . . ¿por qué"?

"Porque si ella no trabaja, la va a despedir".

Me congelé en mi silla.

". . . Y si a tu Mami la despiden, ya no te podrá comprar las ropas y la comida. ¿Ves lo que tiene que suceder solamente para que puedas comer?"

Miré a la gallina muerta, fría en mi plato, e incliné mi cabeza en afirmación.

Oración

Amado Dios, los niños son tan nuevos para este mundo. Frecuentemente enfrentan situaciones sin un entendimiento claro de la verdad. Sus imaginaciones crean unos temores y unas preocupaciones innecesarias. Señor, soy como una niña en relación a muchas cosas que no entiendo de este mudo que has creado. Permíteme alcanzar las respuestas por medio de la lectura de tu Palabra. Señor, hazme madurar y dame entendimiento. Estoy consciente de que no todas mis preguntas recibirán respuestas, pero ayúdame a no temer. Confío en tu dirección, porque tú conoces todas las cosas.

GORDITA Y SALUDABLE

✛

Amado, yo deseo que tú seas prosperado en todas las cosas, y que
tengas salud, así como tu alma está en prosperidad.

3 JUAN:2

"¡QUÉ NIÑA SALUDABLE!" chillaban las mujeres con rego- cijo cuando tomaban la niña de los brazos de mi prima. Su niñita de siete meces es el tipo de bebé con muslos que uno es tentado a morder. Con gran deleite, le aprietan sus mejillas, brazos y muslos gorditos, como si fueran niñas jugando con un montón nuevo de Play Doh. "¡Ay, qué niñita saludable!", repetían, como si estuvieran dando sus parabienes a la madre por un trabajo bien hecho.

Para los hispanos, un poco de carne sobre los huesos equivale a buena salud, y siempre se encuentra con elogio. "¡Has aumentado algún peso!" no es una invitación para usar la máquina de adelgazar Stairmaster, es una felicitación. Mientras que la figura sin carne es un ideal americano, los hispanos, especialmente las generaciones pasadas, a menudo la miran con el sentido de lástima. Las mismas mujeres que hacían fiesta sobre la niña saludable de mi prima, miran a su hija de seis años (que tiene un apetito fastidioso) y suspiran, "Bendito". Ellas no desean otra cosa mejor que llevarse un pobre flaco a su casa y hacerle una transfusión de emergencia de arroz y habichuelas.

No obstante, las generaciones nuevas de hispanos en América no siempre comparten la misma imagen corporal. Mientras la familia está llenando tu plato por segunda vez motivándote a comer, los medios de comunicación te están diciendo que debes unirte a un gimnasio para botar "ese peso grosero".

"¿Has soñado con tener un cuerpo perfecto?", preguntan, mientras una modelo delgada pasa delante de la cámara. "Pues ahora sí puedes, por solamente doscientos dólares al mes".

Con los mensajes conflictivos en casa y en la televisión, las pantallas de los teatros y las fotos en revistas de modas, las jovencitas hispanas intentan saber cuál es la figura "perfecta".

Catherine Shisslack, una profesora de la Escuela de Medicina en Arizona declara, "Un creciente corpus de investigaciones indica que las mujeres minoritarias exhiben muchas de las costumbres anormales de alimentación que tienen las mujeres blancas". En el pasado, las hispanas se consideraban menos afectadas de anorexia nerviosa y bulimia, pero estudios recientes han retado este concepto erróneo. En una sociedad obsesionada con lo delgado, parece que un reto creciente acepta la mujer con un estándar distinto, a pesar de su influencia cultural.

Por lo presente, los niños hispanos seguirán recibiendo elogios por sus cachetes regordetes y sus brazos que invitan aprietos. No obstante, en el futuro, cuando esos elogios sean vencidos por la crítica, solamente podemos pensar qué clase de imagen abrazarán, y hasta dónde irán por obtenerla.

Oración

Señor, a pesar de las percepciones de la belleza dentro de distintas culturas, ayúdame a honrar mi salud sobre mi imagen, sin distinción a cómo se han formado mis percepciones. Gracias por el cuerpo que me has dado. Pido tu dirección en el cuidado de mi cuerpo.

BESOS DE VIOLETA

✜

Gustad, y ved que es bueno Jehová; Dichoso
el hombre que confiará en él.
SALMOS 34:8

EL RELOJ ME ESTABA torturando con sus manos lentas, mofándose de mi anticipación para partir. Fue un día largo, y el peso de cada hora se había trepado lentamente a mis espaldas. "Cinco minutos más", pensaba, mientras metía la mano en el bolsillo para tomar el pedazo de chicle que había comprado esta mañana.

Por largo tiempo no había visto las cajitas, color púrpura, y fue una sorpresa dulce haberlas encontrado. Su sabor singular de violeta fue un regalo constante cuando yo era niña. Siempre podía contar con encontrar una cajita escondida bajo los lápices de labio y polvos en la cartera de mi madre.

Abrí la caja —tenía el mismo diseño fiel de años anteriores—

sacudí dos pedazos brillantes a mi mano. Viendo estos regalitos familiares esta vez me recordó los días en el jardín de infancia, que también me parecía estirarse como este mismo día. El olor dulce del chicle de violeta acostumbraba marcar el fin de esas horas largas en la escuela.

Empleé la mayoría de mi tiempo con unas maestras que yo recuerdo como frías, rencorosas y casi infantiles. Llegaba temprano en la mañana, aún ajustándome a la ausencia de mi cama. Las maestras tomaban mi mano y saludaban a mi madre con sonrisas soleadas que desaparecían cuando ella se iba. En las próximas diez horas, sus voces estarían demandando que comiera cuando no tenía apetito, y bisbiseando su falta de paciencia por cada actividad desordenada. Al final del día me moría de ganas por llegar a casa, y mis ojos cansados se enfocaban en la salida con la anticipación de ver a mi madre.

Finalmente la puerta se abría rápidamente y allí estaba ella —con su abrigo largo color pardo, tacos altos chasqueando en el piso de loseta y una sonrisa, como si hubiera corrido para encontrarme. Corría a sus brazos y ella me tomaba en sus brazos, permitiendo que el peso del día cayera al piso. En su abrazo, sentía el frío de su abrigo —el aire fresco de la libertad. Siempre encontraba la dulzura de su halito. El aroma de violetas en sus besos al final de esos días pesados me hizo atesorar su fragancia por mucho tiempo después de mi niñez.

Miré al reloj una vez más y vi que finalmente era tiempo para partir. Introduciendo dos pedazos de chicle en mi boca, tomé mis bolsas y me puse el abrigo largo. Mientras caminaba por la puerta, el aire fresco se sentía delicioso. Las violetas y el viento fresco habían hecho desaparecer lo pesada que me sentía apenas unos minutos anteriores. Me recordaba una vez más que aquellos días largos y cansados siempre terminaban con un fin dulce.

Oración

Señor, ayúdame a tolerar los días cansados que parecen nunca terminar. Que la comunión que comparto contigo en devoción y oración añadan una dulzura a las horas largas.

CONTROLADO

✛

Instruye al niño en su camino; y aun cuando
sea viejo no se apartará de él.
PROVERBIOS 22:6

CUANDO TOMÓ EL TELÉFONO y escuchó su voz, hizo lo que pudo para sonar como si estuviera relajada y despreocupada. Desde el momento en que el joven bien parecido donde ella trabajaba pidió su número de teléfono los nervios de su estómago y su garganta se habían embollado. De alguna forma se pudo calmar lo suficiente para permitir un comienzo decente a la conversación, pero en eso su padre entró al cuarto. Enderezó su espalda y apretó el auricular cuando sintió el peso de la mirada de su padre. Ella intentó terminar la llamada pronto, pero ya su padre la estaba mirando con una mirada preocupada.

"¿Quién está en el teléfono?"

Ella, cubriendo el micrófono, susurró, "Solamente es un amigo del trabajo".

"¿Un varón?"

Ella afirmó silenciosamente. Él se fue y ella trató de recobrar su voz y su coraje. Pero antes de que ella pudiera decir otra palabra él pasó de nuevo hacia el teléfono. "Dile que tú eres una cristiana".

Cayó en su silla, "Oh, sí, soy una cristi . . ."

"¡Al cine, no. Dile que tú no vas al cine!"

Su corazón comenzó a latir fuera de control. "Uhh, sí . . . normalmente no voy al cine".

Mi abuelo —quien vino a ser cristiano poco después de la conversión de mi mamá— llegó a ser tan celoso de su fe que estrictamente guardaba las tradiciones y los reglamentos que él creía eran parte del paquete. Él aseguraba ciertamente que todos en la familia seguían los mismos principios. Asistir al teatro, bailar y escuchar música secular no eran permitidos, y salir con otra persona prohibido al menos que uno estuviera acompañado por un familiar. Él tenía tanto temor que su hija cayera de la gracia por quebrantar los reglamentos que mantenía una vigilia apretada.

Cuando la llamada dolorosamente larga y humillante terminó, mi madre (que ya contaba con más de veinte años), como siempre, mantuvo silencio. Siguiendo su propia convicción de creyente obediente, ella calladamente siempre hacía lo que se pedía de ella.

Aunque la niñez de mi madre estaba llena de momentos de amor y gratas memorias, su educación estricta tuvo un efecto espantoso. Tomó muchos años para que ella encontrara su propia voz y para deshacerse de las inseguridades y timidez nerviosa que la sobrecargaban.

Al criar sus propias dos hijas, mi madre podía relacionarse a los temores de su padre. Ella pudo haber controlado cada acción nuestra y decidir cada alternativa que se presentaba. Pero ella entendió más que todos lo importante que es guiar con gentileza y nos dejó vivir y explorar la vida por nosotras mismas.

Oración

Gracias, Señor, por el don del libre albedrío. Deseo que mi amor por ti sea genuino y no programado. Ayúdame a recordar tu Palabra cuando esté tentada a hacer algo que me pueda causar daño. Gracias por darme la responsabilidad por las decisiones que tomo en mi vida, dame la fortaleza para escoger las correctas.

EL VERDADERO VALOR

*Porque tú poseiste mis riñones; Cubrísteme en el vientre de mi
madre. Te alabaré; porque formidables, maravillosas son tus obras:
Estoy maravillado, Y mi alma lo conoce mucho.*
SALMOS 139:13, 14

MI HERMANA contemplaba fijamente a las divisiones, de
color gris, que la encerraban en su caseta de trabajo. Por
cinco años estaba sentada a la misma mesa y en la misma silla de
oficina con sus ruedas dando círculos. Se sentía atrapada. La monotonía de su día de trabajo era idéntica a todas las mujeres que
ella conocía. Llegaba a las ocho de la mañana y cambiaba sus zapatos de lona por los zapatos de taco alto metidos en el cajón de
su mesa. Las fotos de su familia sonreían detrás del vidrio de los
marcos mientras ella se sentaba con su cara de piedra a la compu-
tadora. Al medio día abría otro cajón y sacaba una lata de atún,
papas fritas y una caja de galletas con poca grasa para su almuerzo.

A las cinco, después de horas de trabajo absurdo, ella tiraba sus tacos dentro del cajón de abajo.

No era solamente la monotonía de su día laborable que la molestaba. Por años se sentía achicada por su jefe. Casi nunca le dirigía la palabra, y cuando lo hacía, su tono de voz era cortado y frío. Mi hermana no tenía educación de colegio, y su actitud hacia ella parecía decir, "No lo podrías hacer aunque lo intentaras".

Aquel día, después de amarrar sus zapatos de lona y dirigirse hacia la puerta de salida, pasó a su jefe en el pasillo. "Buenas noches", le dijo. "Mm-hmm", él respondió, con una mirada descuidada. Por primera vez su grosería resbalaba descuidada por sus espaldas. La opinión que él tuviera de ella ya no le importaba. Ella conocía su capacidad y, comenzando ese mismo día, decidió probarlo.

Trabajó en su résumé, buscando un trabajo nuevo y llenando solicitudes para algunos colegios para terminar su educación. En poco tiempo estaba trabajando para otra empresa donde se sentía una empleada apreciada —y con doble el salario de su trabajo previo. Ella probó su valor todos los días con un trabajo eficiente, y después corría para tomar clases nocturnas cuatro días a la semana.

Mi hermana ha logrado muchas metas que se ha propuesto, y sigue viviendo la vida con una confianza feroz. Ya no le importan las conclusiones a que llegue este mundo. Su valor intrínseco está determinado por su Creador. Mi hermana ha sido creada formidable y maravillosa, y su alma lo sabe muy bien.

Oración

Recuérdame que me has creado con un propósito. Ayúdame a no enfocar en lo que otros puedan pensar de mí, ni en lo que yo percibo en mí misma. Solamente tú conoces mi verdadero valor, y la potencia de mi vida. Solamente tú puedes ir más allá de mi debilidad. Pongo mi futuro en tus manos, y confío en los planes que has propuesto para mí.

ESTAD QUIETOS

✠

Estad quietos, y conoced que yo soy Dios . . .
SALMOS 46:10

UNA TARDE, estaba esperando junto con centenares de otros en la plataforma angosta, por un ferrocarril que estaba atrasado. No había traído un libro para leer ni música para ocupar mi mente. El altoparlante sonaba con interferencias al anunciar, casi inaudiblemente, la tardanza. Todos forzábamos los oídos por escuchar, y dejamos escapar un gruñido colectivo al escuchar, "una espera de veinte minutos". "Qué bueno", pensé. "Veinte minutos más contemplando a esas vías sucias".

Parada allí, muy aburrida, comencé a mirar a los interminables rostros que me rodeaban. En la ciudad de Nueva York, raramente toma una tiempo para fijarse o reconocer las personas que pasan. Cada uno es meramente un obstáculo móvil que debes esquivar para permitir llegar a tu destino. Pero esta vez no había otro lugar para ir, por tanto, allí estaba parada, mirando a los otros que no tenían otro remedio sino quedarse quietos.

Leía a cada rostro como si fueran palabras escritas en un libro, comparando cada detalle —las formas, el color de los ojos, la estructura variada de los huesos, la curva de cada nariz, la paleta de tonos de piel y el color y la textura de los cabellos. Al estudiar a cada uno, este grupo de neoyorquinos que hace poco fueron imágenes borrosas, emergieron del grupo para exhibir el arte de cada individuo.

Aunque veía a miles de personas cada día, nunca había llegado a la conclusión consciente de que cada rostro que miro es singular, una creación especial, no igualada por ninguna otra persona en el mundo. En todos los años de vida en esta tierra, nunca ha habido —y nunca habrá— otra creación como la tuya. Me quedaba maravillada al realizar el detalle y el arte de nuestro Creador maravilloso.

Algunas veces la vida puede parecer como una gran hora punta, dejando muy poco tiempo para reflexionar en la Gloria maravillosa de Dios y sus creaciones asombrosas. Me sentía como si Dios había detenido a ese ferrocarril para que yo pudiera recordar quién es él en verdad. Cuando finalmente llegó el tren disparado por la estación, resumiendo el correr del día, le di gracias a Dios por esos momentos de quietud y alababa su nombre por ser un Creador tan maravilloso.

Oración

Señor, pido por la observación del Salmista —"Cuando veo tus cielos, obra de tus dedos, La luna y las estrellas que tú formaste: Digo:

¿Qué es el hombre, para que tengas de él memoria, Y el hijo del hombre, que lo visites? Pues le has hecho poco menor que los ángeles, Y coronástelo de gloria y de lustre". (Salmos 8:3-5) Gracias Padre, por tus creaciones magníficas. Ayúdame a siempre estar consciente de tu Gloria, y que yo siempre te dé la alabanza y acción de gracias por todo lo que has hecho.

Sillas plásticas

✣

En la casa del justo hay gran provisión . . .
PROVERBIOS 15:6A

SOY UNA ADICTA a los programas de televisión que transforman casas. Los diseñadores de interiores transforman los salones (en gran necesidad de dirección) en espacios de viviendas chic y elegantes. Mientras las miro, solamente me puedo imaginar el milagro que hubiera podido hacer en la casa donde yo me criaba —y lo mismo se podía decir de todo otro hogar hispano que había visto en los años 1980.

Todos compartían esa decoración característica —los mismos colores, patrones y los artículos que parecían hechos especialmente para los hispanos. El color favorito de mi madre era burdeos, pero muchos hogares lucían un rojo vivo en cada área de la casa —papel de pared con flores rojas, cortinas rojas y hasta alfombras rojas. El color verde balanceaba el rojo con plantas que colgaban de las paredes y lineaban las alféizares. Alguna plantas y disposiciones fleran naturales, mientras otras eran de plástico . . . sí, plástico, ese material fabuloso sin el cual ellos no podían vivir. Prácticamente todo era cubierto con una capa de plástico —los sofás, las pantallas de las lámparas, las mesas, las sillas. Todo lo que puedes nombrar estaba protegido. En el verano yo lucía marcas rojas en mis piernas cada vez que despegaba mis muslos de cada silla.

Las paredes eran galerías de fotos de la familia en marcos elaborados, y siempre se encontraban un reloj de madera, y pinturas sobre madera que representaban "La última cena" colgados en la sala o en la cocina. Las muchas chucherías eran otra marca favorita de los hispanos. Se coleccionaban las figuritas con cintas color de rosa y azul claro de cada boda, fiesta del bebé, graduación y despedida de soltera que habían asistido. Cada estante era una comunidad superpoblada de animales de porcelana, de elefantes a cisnes, y, por supuesto, el gran toro rojo.

Mi hermana y yo, como la mayoría de mis primos, estamos marcados de chucherías. Hoy no encontrarán una sola figura en nuestros estantes, ni mucho más de las cosas con las cuales nos criamos. A través de los años mi madre ha cambiado su estilo también —aunque la mesa en el comedor sigue cubierta en plástico y el sofá es de cuero para que ella pueda limpiar el polvo. Pero a pesar de mi desagrado por la decoración de mi juventud, hay mucho que entiendo y aprecio en ella. Los colores vivos eran escogidos para crear una atmósfera luminosa y alegre. Las figuritas representaban las memorias apreciadas de eventos importantes celebrados con familia y amistades. Los sofás y los juegos de comedor fueron comprados con dinero de salarios, productos de trabajos humildes, y el plástico se usaba para cubrir esos tesoros de las manitas pegajosas.

Un diseñador de interiores pudo haber hecho mucho para transformar y mejorar la apariencia física de esos cuartos llenos de plástico y porcelana. Pero cuando se llega al corazón de aquellos viviendo en el hogar, ningún cambio o mejoramiento hubiera sido necesario.

Oración

Gracias, Señor, por llenar mi hogar con los tesoros que no son aparentes. Ayúdame siempre a apreciar las bendiciones que tú provees. Tú eres el diseñador del corazón, y gracias por la artesanía y belleza que pones en cada uno.

MELANCOLÍA DE SALSA

✣

*Todo tiene su tiempo, y todo lo que se quiere debajo del cielo tiene
su hora ... tiempo de llorar y tiempo de reír; tiempo
de endechar, y tiempo de bailar ...*

ECLESIÁSTES 3:1, 4

EL PIANO, los tambores y los bongos se movían al tiempo latino, forzando a mis hombros y caderas a moverse con la música. "Te alabaré mi Dios", cantamos, alabando a Dios con una música llena del ritmo de la salsa. Una vez que los instrumentos estaban guardados, y las puertas de la iglesia quedaban cerradas, ofrecíamos nuestras despedidas en la acera. Mientras hablábamos y nos abrazábamos, una salsa "mundana" salía de ventanas abiertas de los autos. Nuestras caderas, que hace poco estaban pulsando, ahora estaban rígidas como estatuas. Ninguna cadera se atrevía a moverse. Nuestro sentido natural de ritmo y movimiento estaba estrictamente reservado para los escaños de la iglesia —la única ocasión cuando el baile (aunque se limitaba a un movimiento) no se consideraba un pecado mundano.

Existían excepciones, por lo menos en mi familia. Las bodas no cristianas eran un regalo para mí cuando me criaba porque era la única ocasión en la cual yo podía bailar. Mi madre razonaba que era permitido, porque estábamos entre familia. Eso quería decir que yo tenía que esperar por las bodas, aniversarios o fiestas de cumpleaños de los familiares no cristianos. Los cristianos que conocía, no bailaban en sus fiestas o eventos especiales. Ellos tocaban música evangélica, comían y jugaban juegos para ganarse la decoración central chillona.

Cuando verdaderamente acepté al Señor en mi vida a la edad de 15 años, luchaba entre mi amor por el baile y mi amor por Dios. ¿Qué delito cometía cuando bailaba por el puro gozo de bailar, y no por la adoración directa de Dios? Nunca había sentido una convicción en mi espíritu. Pero en la iglesia, el baile social siempre se denominaba mundano —algo del cual deberíamos ser liberados. Yo no estaba convencida que era algo erróneo, y las celebraciones de familiares no cristianos eran demasiado infrecuentes. Por tanto, cuando tenía 18 años tomé el asunto en mis propias manos y frecuentaba los clubes con mis amigos casi todos los fines de semana.

Una noche, fuimos a un club grande con cuatro pisos de música distinta. La última vez que estuve allí solamente bailamos en el piso del disco. Pero esta vez subimos al "cuarto tecno". Comencé bailando con mi grupo de amigos, pero el humor no se sentía bien. Miré a la plataforma donde hombres y mujeres (contratados por el club) estaban girando en correas de cuero cortas. Una voz demoníaca sonaba en el eco de la música, y todos estaban levantando las manos y brincando con miradas enloquecidas en sus rostros. Me entró una frialdad espeluznante. Se sentía como un servicio de adoración satánica. No pude bailar más, y le dije a mis amigos que tenía que salir. Por mucho tiempo después de esa noche no salía a bailar. Quizás eso era Dios, me preguntaba, confirmando lo que todos en la iglesia me estaban diciendo.

Al madurar en el Señor, comencé a encontrarme con otros cristianos fuera de mi iglesia. Me sorprendí cuando un grupo de esos cristianos me invitaron a bailar. Fui, y pasé un tiempo asombroso. Estaba girando y dando vueltas rápidamente con mi compañero al sonido de la banda, y al fin de la noche todos estábamos sin respiración de tanto reír y bailar. Me disfruté mucho, y en mi corazón entendía que no había hecho nada para disgustar al Señor. Fue una celebración de música, movimiento y vida.

Aprendí que tendría que ser selectiva al escoger el ambiente, y también asegurar que la manera que bailo no contradice mi testimonio. Tener una vida en Cristo es un proceso de aprendizaje, y es personal. Él conoce mi corazón y me revela —por el discernimiento— aquellas cosas que pueden ser perjudiciales. Otros, en su propia relación con Dios, quizás deben evitar el baile completamente. De la misma forma que un alcohólico se refrena de tomar un poco de vino, ciertos ambientes o meramente un ritmo los puede llevar a un lugar muy destructivo en sus vidas —un lugar que han escapado por la gracia de Dios.

Algunos hermanos y hermanas en el Señor están en completo desacuerdo conmigo. Ellos, decepcionados, deberán menear sus cabezas al leer estas palabras. Otros estarán de acuerdo, silenciosamente, temerosos —como yo estaba— que otros los juzguen. Yo me paraba frente a mi iglesia con caderas rígidas cuando lo que realmente deseaba hacer era girar y dar vueltas al son de la música. Pero ya no puedo mover mis pies de acuerdo con la opinión de otro. Mis pies se moverán libremente y bailarán al ritmo que Dios pone en mi corazón.

Oración

Señor, gracias por la libertad que tengo en ti. Ayúdame a usar mi libertad sabiamente. En tu palabra, Pablo dice: "Todas las cosas me son lícitas, mas no todas convienen: todas las cosas me son lícitas, mas yo no me meteré debajo de protestad de nada". (1 CORINTIOS 6:12) *Dame el discernimiento para saber lo que no me conviene. Ayúdame a nunca poner mis deseos antes de ti.*

ARRODILLARSE
EN ARROZ

✠

La necedad está ligada en el corazón del muchacho;
mas la vara de la corrección la hará alejar de él.
<small>PROVERBIOS 11:15</small>

Y vosotros, padres, no provoquéis á ira á vuestros hijos, sino criadlos
en disciplina y amonestación del Señor.
<small>EFESIOS 6:4</small>

"PAPÁ, HAZME EL FAVOR DE CALLARTE!", dijo ella, mirándolo directamente en los ojos, antes de poner sus propios ojos en blanco con disgusto. Mi amiga y yo —sentadas a una mesa cercana— dejamos de masticar nuestra comida y nos miramos una a la otra congeladas por la incredulidad. "Por favor, no me hables de esa forma", respondió él calmadamente a su hija de once años, mientras ella abría y cerraba su boca como un títere parlante. "Blah, blah, blah", siguió ella, sin ninguna evidencia de preocupación en sus ojos.

"Wow", dije mientras vaciábamos nuestras bandejas en la basura mientras nos dirigíamos a la puerta. "Imagínate a mí diciendo eso a mi madre o padre cuando niña". Mi amiga movió su cabeza con una sonrisa. "¿Me estás bromeando? Mi madre le hubiera callado a ese títere con un golpe de su zapato". Se quitó su sandalia para demostrar. "Mi madre solamente me hubiera dado aquella mirada", dije, "y cuando llegara a casa, todo hubiera terminado para mí".

De vez en cuando surge el tópico de la disciplina. Los hispanos entran en un intercambio entusiasta de cuentos de "lo que mi madre hubiera hecho". El uso de correas y chancletas parecen ser los métodos más comunes para mantener los hijos en jaque. Generalmente se usaba un golpe en el brazo o la pierna, algunos más si habías cometido un delito mayor.

Muchos de mis amigos —como yo— nos criamos en hogares que balanceaban el amor con la disciplina. Me sentía cómoda hablando libremente con mis padres, pero había una línea que cruzaba la falta de respeto. Si uno se atrevía a cruzar esa línea, habían consecuencias. Para otros, cruzando esa línea o quebrantando las reglas resultaba en consecuencias mucho más severas que la correa o la chancleta.

Algunos castigos incluían quedar arrodillado por tiempos variados sobre un montón de granos crudos de arroz. Otro requería que los hijos mantuvieran sus brazos extendidos al horizonte con piedras o libros en las manos. Si los brazos bajaban del horizonte, la persona recibía una bofetada. Los padres, los abuelos u otros miembros de la familia usaban varas, zapatos pesados o cucharas de madera para golpear a un hijo desobediente. Muchos de estos métodos eran considerados como parte de la norma cultural. Los padres consideraban que estaban en lo correcto y muchas veces ignoraban soluciones alternativas.

Aún no soy madre, y solamente puedo imaginar las luchas que se mezclan con los placeres de ser padre. No obstante, es probable que yo críe a mis hijos como la mayoría de mi familia hacen hoy. Se comunican abiertamente con sus hijos, pero no han descartado una nalgada moderada como opción final. Nunca podría criar un hijo sin consecuencias como aquel padre que mi amiga y yo vimos almorzando aquel día, pero tampoco haría que mi hijo se arrodillara sobre un rallador, y nunca le golpearía de tal forma que le dejara marcas. Cualquiera que sean los métodos de disciplina que vea o aprenda, espero que sería una madre suficientemente buena para siempre consultar a mi Padre celestial, buscando su dirección e instrucción en cada situación.

Oración

Señor, ayúdame a ser una madre buena. Gracias por los ejemplos de amor y disciplina que has señalado en tu palabra. Dirige mis opciones, para que puedan beneficiar a mis hijos y no causarles daño.

LA MÁS ALTA VERDAD

✛

*Y he aquí, el ángel del Señor Sobrevino, y una luz resplandeció en
la cárcel; é hiriendo á Pedro en el lado, le despertó, diciendo:
Levántate prestamente. Y las cadenas se le cayeron de las manos.*

HECHOS 12:7

LA MADRE Y SU HIJO se movían al son de la música soste-
niéndose tiernamente en el piso del baile para su boda. La
novia de Josh estaba cerca, con lágrimas corriendo por sus mejillas
—y todos los invitados lloraban con ella. Por más de diez años,
nadie pudo haberse imaginado este momento. La predicción era
que estaríamos reunidos con lágrimas en su funeral.

Josh se crió conmigo y mis primos cuando asistíamos a la Iglesia Bautista Hispana en la parte baja este de Manhattan, donde él
vivía. Cada domingo llegaba con su madre, pero a la edad de doce,
lo vimos menos y menos. Algunos años más tarde, las oraciones
llorosas de su madre revelaron las luchas en el hogar.

A la edad de doce, Josh ya estaba fumando marihuana con sus amistades del barrio, y a los 16 años sus experimentos lo llevaron a una vida de adicción que controlaba su vida. Trabajaba como mensajero, en mantenimiento y en una tienda de ropas en el pueblo —cada cheque llenando sus bolsillos con los frascos de crac cocaína con el valor de diez dólares cada uno. Cada vial representaba una caminata de veinte minutos sobre las nubes antes de estrellarse dolorosamente. Mientras su adicción lo apretaba más fuertemente, él no pudo concentrarse en su trabajo. Cada momento estaba dedicado al próximo drogado. En desesperación por mantener su hábito, resolvió robar en las calles, en la casa de su familia y hasta en la iglesia.

Fiel en sus oraciones por su hijo, su madre le rogaba al Señor por su vida cuando ella lo visitaba en rehabilitación o en la prisión. Todos oramos mientras ella nos mantenía al día en la iglesia, pero personalmente yo no imaginaba un cambio después de tanto tiempo. Parecía algo imposible. Muchos de nosotros éramos como la primera iglesia del Nuevo Testamento que oró fervientemente para que Pedro fuera liberado de la prisión. Cuando Dios contestó su oración y vino tocando a las puertas, ellos no podían creer que fuera posible. De la misma forma que Pedro fue liberado, Dios escuchó la oración ferviente de esta madre, y después de trece años de adicción, finalmente fue liberado de las drogas. A través de ministerios en la prisión, Josh entregó su vida al Señor y comenzó una vida nueva.

Su último año en la prisión fue dedicado a su relación con el Señor por medio de estudios de la Biblia a solas y en grupo. Él contaba con un padre espiritual y amigo que lo motivaba constantemente. "Dios tiene un plan para tu vida", le decía. "Él te va a usar de una manera poderosa". Cerca del fin de su sentencia, Josh era un líder de adoración y un diácono en la iglesia evangélica en la prisión. También estaba asistiendo a un trabajador social a través de ASAP (Alcohol and Substance Abuse Program), aconsejando a otros adictos.

Al ser soltado, mantuvo su vida en orden con la ayuda del Señor, su familia, sus amigos y servicios de apoyo. Pasó de ser el que llenaba bolsas en el mini-mercado local, a tener una posición con Transitional Services for NYC, Inc. Algunos años y promociones más tarde, ahora sirve como Gerente de Apoyo de Casos, abogando a favor de personas con desordenes de humores, psicológicas y emocionales.

En la iglesia sirve al Señor a través de la música, de acomodador y en el liderato con la juventud. También Dios ha puesto en su corazón que estableciera algún día un Ministerio de Reintegración para los presos recién puestos en libertad.

En el pasado, las circunstancias de su adicción me hicieron creer que casi era imposible ver tanto cambio. Pero mientras la canción entre la madre y su hijo se acerca a su final en este día de su boda, y mientras los amigos y familiares enjugan sus lágrimas de sus ojos, soy movida a esperar a casi cualquier cosa de tan amante y poderoso Dios.

Oración

Señor, eres un libertador maravilloso. Ayúdame a no orar por otros por rutina u obligación. Recuérdame del poder de la oración y la intercesión. Te alabo por aquellos que han sido liberados de la esclavitud y seguiré orando por tales milagros con expectación sincera.

VIVO

Y en la fe de su nombre, á éste, que vosotros veis y conocéis, ha
confirmado su nombre: y la fe que por él es, ha dado á éste esta
completa sanidad en presencia de todos vosotros.

Hechos 3:16

"SALUDA", DIJE, detrás de la videocámara alquilada. La habíamos usado para grabar el drama de Pascua en la iglesia, y
ahora estábamos visitando a mi padre en el hospital, una semana
después de recibir una circunvalación cuadrúpeda del corazón.

"Buenas", mi madre decía con una sonrisa brillante, luciendo
muy bella en su traje de pascua. Ella caminó lentamente al lado de
mi padre, frágil en su ropa de hospital.

"Oh", dijo él, con una sonrisa débil, pretendiendo haber recibido
una sorpresa. "Hola a todos". Saludó con cuidado, haciendo que
los tubos intravenosos se movieran de lado a lado.

Encendí la cámara y cautivé al resto de mi familia, sonriendo, relajándose y haciendo muecas a la cámara. Yo tampoco pude detener mi risa. Era el Domingo de Resurrección y mi padre estaba vivo.

Las sonrisas eran muy distintas el día antes de la cirugía. Vestíamos sonrisas tensas, intentando ser optimistas. Ese día fui con él para ser registrado en el hospital.

"Kariña, vete al trabajo", rogaba esa mañana. "Me verás esta noche, con los otros". Me fui, sin entender por qué quería ir solo, o cómo había convencido a mi madre y hermana que fueran al trabajo ese día. No podía sostener la idea de verlo sentado a solas, con sus pensamiento temerosos.

Los dos habíamos empaquetado una bolsa ese día. La mía estaba repleta de todo lo que yo pensaba podría relajar y distraernos —libros, juegos, una Biblia, mi Walkman y los cassettes favoritos de mi padre. Intentaba llenar cada momento de espera jugando damas, leyendo las Escrituras y ajustando los audífonos sobre sus orejas. Cuando él no estaba escuchando a Pavarotti, yo trataba desesperadamente de hacerlo reír. Nuestras sonrisas trataron de convencernos que esto no sería el último día que estuviéramos juntos.

Eventualmente alguien vino para escoltarlo a su cuarto. Era un cuarto tenue y sin color. Levanté las persianas mientras él desempaquetaba su pequeña maleta. Habíamos agotado los temas de conversación. Nuestras sonrisas eran menos expansivas y menos convincentes. Entró una médica y se sentó al lado de Papi. Se introdujo con una voz tranquilizante y procedió a explicar la operación con lujo de detalles —las incisiones, el serrar de los huesos, la abrazadera de metal y las máquinas que iban a bombear su corazón y respirar por sus pulmones.

Yo no reaccioné. Hacía semanas que ya nosotros sabíamos lo que involucraba la operación. Pero cuando terminó, los ojos abiertos de Papi, que habían estado enfocados en ella, se llenaron de lágrimas.

"Yo sé que eso es difícil", dijo ella, colocando su mano en el hombro de Papi.

Él señaló su asentimiento en silencio, sus lágrimas llenando sus ojos sin caer.

Casi no quería que ella se fuera. Su presencia era como una represa sosteniendo un diluvio de temor y tristeza. Corrí a él cuando ella salió por la puerta. Nos abrazamos y lloramos de una forma que parecía casi foránea. Entonces realicé por qué él trató de convencerme de no venir. Él quería la libertad de expresar su temor sin preocuparnos a nosotros.

La preocupación y la tristeza pasaron. Ese Domingo de Resurrección, cuando grabamos el gozo de cada cual, dimos gracias al Señor por haber escuchado nuestras oraciones. Volvimos al cuarto que en un tiempo estaba tenue y sin color, pero ahora estaba lleno de globos brillantes, flores y tarjetas de felicitación. Ya no era más una tumba, sino una celebración de la vida.

Oración

Señor, levanto ante ti las familias que están enfrentando la enfermedad de un amado. Dales la fortaleza, unidad y, sobre todo, la paz. Te doy gracias por los múltiples testimonios de sanidad. Yo confiaré en tu misericordia y poder cuando mi vida sea confrontada por la enfermedad.

MAMI Y PAPI:
UNA HISTORIA DE AMOR

✛

El que halló esposa halló el bien, Y alcanzó
la benevolencia de Jehová.

PROVERBIOS 18:22

ERA EL FIN DE SEMANA del Día de los Trabajadores y la congregación lentamente llenaba el autobús que nos llevaba al picnic. La jovencita bonita se sentaba cerca de la ventana, ansiosamente guardando la silla desocupada a su lado. Su tía caminó por el pasillo angosto con sus bolsas pesadas y las colocó en la silla a su lado.

"No te puedes sentar allí", dijo la jóven con pánico, "está comprometido".

Ella continuó guardando el asiento hasta que finalmente el joven atractivo abordó. "Geño", le dijo, con una sonrisa, "siéntate aquí".

Él trató de argumentar este placer momentáneo en su mente

mientras se sentaba. "Solamente está haciéndose amistosa, bobo", pensó él, "eso es todo".

Él había luchado fuertemente para enterrar su admiración por la hija del predicador. Ella hablaba un inglés perfecto, y tenía una posición secretarial —algo que él consideraba de alta calidad. Convencido de que no era digno, había dejado a Nueva York para olvidarla. Cuando regresó, unos años más tarde, estaba seguro que la infatuación había pasado. Pero ahora se encontraban sentados juntos a petición de ella, y su corazón estaba tamborileando fuera de control.

Una vez que llegaron al lugar del picnic, ella lo invitó a la mesa de su familia y le sirvió la comida que ella había preparado con su madre. En la playa ella tomó el alga en la arena y, mientras se reía, se la tiró encima. Él siguió con el juego, riéndose y devolviendo el alga, pero en su mente existía una maraña de confusión y duda. "¿Será posible que esto signifique lo que yo pienso que significa?"

Acudió a su hermano por algún consejo. "¡Ruperto, ella me tiró alga encima!" Después de oír el asunto completo, mi tío dejó escapar, "¡Zángano! ¿qué esperas? Solamente dile cómo te sientes".

Cuando regresaron al autobús, otra vez se sentaron juntos. Él miró a mi madre y por fin lo dijo: "Connie, me agradas mucho. ¿Cuáles son mis posibilidades? ¿Sientes algo por mí?" Después de un momento de pleno gozo y terror, mi madre respondió, "Intentémoslos".

Ya todos en el autobús habían comenzado a cantar coritos. Ella abrió el himnario y cada uno sostuvo un extremo, sus manos haciendo temblar al libro, todo el camino a casa.

Oración

Gracias, Señor, por aquellos que se encuentran unos a otros en amor. Sigue con esas introducciones. Bendice aquellos que están en relaciones nuevas. Fortalece su fundamento y dirige sus decisiones para el futuro.

UNA VIDA QUE VALE LA PENA VIVIR

✠

Y de igual manera el Espíritu nos ayuda en nuestra debilidad; pues qué hemos de pedir como conviene, no lo sabemos, pero el Espíritu mismo intercede por nosotros con gemidos indecibles.

ROMANOS 8:26

SIEMPRE SENTÍA un dolor amortiguado en mi estómago por la ansiedad cuando mis padres me conducían a la escuela de enseñanza secundaria. El edificio, pequeño a la distancia, aumentaba en tamaño como un monstruo creciente, hasta que el auto paraba frente a la entrada. "Bye", gruñía con una voz casi inaudible.

"Que lo pases bien", mi madre gorgoeaba, llena de sol y sonrisas. Ellos se iban, y yo quedaba ahí —trece años y la figura perfecta de una adolescencia torpe.

Yo estaba prácticamente ciega, y los lentes que usaba se lo revelaba a todos. Las monturas eran enormes y los lentes gruesos y pesados, constantemente dejando una huella roja en mi nariz. Mi boca era un desorden de trabajo de ortodoncia con anillos de plata apagada en cada diente, y un cieno de cemento congelado bajo cada uno. Mi cara aún estaba tratando de crecer para alcanzar a mi nariz, y mi pelo tampoco me estaba haciendo favores. Básicamente yo era una *geek*.

Desafortundadamente, tampoco era una *geek* inteligente. A las inteligentes las colocaban en una misma clase donde podían ser torpes en paz. Pero, por otra parte, yo me encontraba con la aterrorizante población general. Mi clase se componía de *break-dancer wannabes*, niñas con pendientes gordos y labios de un rojo brillante y otras muchachas que parecían más grandes y más duras que los varones. La maestra se paraba frente a la clase, básicamente hablando sola con la pizarra, mientras los estudiantes seguían hablando, escupiendo semillas húmedas de girasol en el piso. Yo contaba con dos amigas en mi clase, y cuando ellas faltaban yo no hablaba todo el día. La cultura de peleas era muy grande, y yo ví suficientes peleas para mantenerme en un estado continuo de paranoia. Me tragaba cualquier comentario sarcástico que dirigían hacia mí. No deseaba estar al lado malo de niñas que se untaban sus caras con vaselina y afilaban sus uñas en forma de chuchillos antes de pelear.

Además de mis tristezas en la escuela, la vida a la edad de doce años hasta los catorce estaba llena de melancolía constante. Mi hermana era bella y confiada, y vestía las ropas a la moda. Comparada a ella, me sentía robada. Mi madre y yo enfocábamos nuestras frustraciones una contra la otra. Siempre nos pasábamos discutiendo; y solamente escuchar sus tacos sonando en las escaleras me hacía encogerme. Lo sobresaliente del día era depués de mis clases, cuando no había otra persona en casa. Llenaba mis brazos con comida sin gran valor nutritivo y la devoraba mientras miraba la televisión. El nivel de mi aburrimiento, inseguridad y soledad era tan profundo en ese tiempo, que hasta tuve un momento en el balcón del duodécimo piso del apartamento de mi prima en que pensé, "Desearía tener el coraje para tirarme de aquí".

Ahora, cuando miro atrás, pienso que Dios me permitió dos años de tristeza profunda para implantar en mí un amor verdadero y un entendimiento por los jóvenes. Muchos de sus problemas van más allá de los problemas a los que yo me enfrentaba. A pesar de la tensión entre mi madre y yo, ella honestamente me amaba, y yo contaba con el apoyo del resto de mi familia. Algunos chamacos tienen que enfrentarse con la adolescencia y su depresión sin el amor de familia.

De cualquier forma, o cuándo uno llega ahí, la depresión es un lugar actual. Una vez que llegas, parece que nunca lo dejarás. Mas yo puedo testificar al hecho de que hay una salida. Cuando reviso los álbumes de fotos ahora y veo a aquella niña triste, me hubiera gustado decirle lo que les digo ahora a otros —que un día ella se escaparía de aquel carapacho oscuro y temporal para encontrar una vida preciosa y digna de vivir.

Oración

Señor, gracias por la promesa que el Espíritu Santo siempre nos ayudará en nuestros tiempos débiles. Cuando yo no encuentro cómo orar, intercede por mí con las palabras que yo no puedo expresar. Gracias por traerme por esas épocas de mi vida para ser la persona realizada que deseas que yo sea.

REMEDIOS

✣

Y dijo Isaías: Tomad masa de higos.
Y tomándola, pusieron sobre la llaga, y sanó.
2 REYES 20:7

N O TENGO que ver las hojas de tila hirviendo en la olla de
agua con burbujas. El olor herbario llena la casa y testifica
del dolor que siente mi padre. "¿Tu estómago otra vez?", pregunto,
viéndole pasar el té color caramelo por un colador. Olvídate de cu-
charadas de Mylanta o Pepto Bismol. Mi padre ha estado calmando
sus dolores con yerbas desde que fue niño allá en Puerto Rico.

Al vivir con recursos limitados —fuera de la cultura del Oeste
de tragar pastillas— la gente aprendía a usar los recursos que se
encontraban a sus alderredores para apaciguar a sus achaques. Las
plantas y flores, el óleo, el lodo, las frutas y los vegetales tomaban
el lugar de las botellas de los jarabes amargos y las pastillas pres-
critas. Entre las muchas hierbas medicinales se encuentran la Pa-

letaria, ideal para el sarpullido del calor, otras irritaciones de la piel y para problemas de la vejiga; el toronjil y la yerbabuena, ambos buenos para los dolores de estómago, la náusea y el vomito. Esta era la medicina de las generaciones pasadas. Pero aun ahora en los Estados Unidos, muchos hispanos se encuentran reacios a tragarse las drogas recomendadas por los médicos sin primeramente tratar una solución alternativa.

Los dolores de estómago en mi casa se atendían con tes, por supuesto, pero otro antídoto popular era un aceite tibio con un poco de sal. Mi madre mezclaba los dos ingredientes en sus manos y con ellas sobaba mi estómago mientras ofrecía una oración.

Y entonces había el uso de alcohol. No creo que existe un solo hispano que no haya recibido un sobo con alcohol cuando niño. Cuando uno se encontraba encendido con fiebre, salía un sopero de agua fría mezclada con alcohol y un ventilador portátil sobre una silla. Después de un masaje con un paño para lavarse, el viento fresco del ventilador soplaba esa fiebre hasta hacerla desaparecer.

Entonces se encontraban los remedios raros, los que uno se preguntaba, "¿Estás seguro que quieres hacer esto?" Por ejemplo, unas gotas de orín de un bebé en tu oído para remediar un dolor de oído, o una gota de café negro en tu ojo para remediar una infección. ¿Tienes los extremos un poco hinchados? Despega la piel de un plátano verde y coloca las peladuras en el área del problema. Aparentemente saca el líquido del hinchazón. Y cuando terminas, siempre puedes freír los plátanos desnudos para la cena. ¡El dinero, también funciona! Se dice que un centavo colocado en la frente ayuda para remediar una nariz sangrando, y una peseta apretada en un chichón alternando con un poco de mantequilla lo reduce bastante.

Pero el más favorito de todos en prácticamente la mayoría de los hogares hispanos es la mugre más milagrosa de todas, Vicks Vapor Rub. Mi hermana y yo nos untábamos con esa mezcla cada vez que estornudábamos. Tal como el olor fuerte del té de tilo que usaba mi papá anunciaba que alguien estaba enfermo inmediatamente al entrar por la puerta, así pasaba con lo nuestro. Quizás no cabe precisamente entrel los remedios naturales importados de los campos, pero siempre nos gustaba.

Nuestros antepasados, que nos pasaron estos remedios naturales, no siempre tenían la opción de ver a un médico o recibir una prescripción como podemos hoy; ellos usaban las creaciones orgánicas de Dios para calmar sus sufrimientos. Y aunque tenemos las ventajas del mundo moderno, estoy agradecida por los remedios maravillosos nacidos de la necesidad en otro tiempo.

Oración

Señor, en tu palabra tú hablas de aquellos que fueron sanados por medio de hierbas, vino, aceite y lodo. (Ezequiel 47:12, 1 Timoteo 5:23, Isaías 1:6, Juan 9:6). Pero en cada caso, tu poder era la fuente de la sanidad. Gracias, tanto por los remedios sencillos, como por los avances en la medicina. Pero sobre todo, confío en ti, Señor, mi sanador y mi libertador.

PELADURAS

⚜

Y cuando esto corruptible fuere vestido de incorrupción, y esto mortal fuere vestido de inmortalidad, entonces se efectuará la palabra que está escrita: Sorbida as la muerte con Victoria. ¿Dónde está, oh muerte, tu aguijón? ¿dónde, oh sepulcro, tu victoria?

1 Corintio 15:54, 55

Cuando yo dormía en casa de mis abuelos, despertaba al olor del desayuno y el crepitar de las ollas. Arrastrando mis pies a la cocina, le daba un abrazo medio dormido a Alela y a Pápa, y me acomodaba en una silla. Siempre éramos Pápa y yo a la mesa mientras mi abuela se ocupaba sobre la comida y el café. La mayoría de mis memorias son de él sentado a mi lado en su silla de ruedas en la cocina. Conversábamos mientras nos comíamos los huevos de la misma forma —penetrando la cúpula de los huevos medio cocidos y tomando la yema con el pan.

Cuando Alela tomaba nuestros platos, mi abuelo estiraba su

mano a la fuente de frutas. Siempre se comía las frutas con un cuchillo en sus manos, esculpiendo los pedazos de manzana —comiendo y pasándome los pedazos que cortaba. Papá pelaba las naranjas tornándolas cuidadosamente en sus manos, formando una cinta que, deseurrollándose de la fruta, era una sola hebra. Después del desayuno, él leía el periódico y me entregaba la sección de cómicos. Nos sentábamos calladamente, y solamente le interrumpía para mostrarle los mejores chistes.

Esos momentos quietos que compartía con mi abuelo estaban emparedados entre la vida activa de su pasado y la enfermedad terrible de su futuro. El poeta publicado, pianista entusiasta y predicador ferviente pasó los últimos años de su vida en una cama de dolor. El color de su vida vibrante lentamente desaparecía, como las naranjas de color brillante que él acostumbraba pelar, hasta que por fin, su cuerpo pálido, lleno de dolor, llegó a su descanso. Mi único consuelo cuando la familia se juntaba en la casa fúnebre, donde tres palomas blancas bordadas en la tela del ataúd acompañaban las palabras "Volver a casa". En vez de enfocarme en la muerte de mi abuelo, me imaginé a su vida nueva en el cielo, su espíritu vibrante, indemne de las manos de la muerte.

Un hombre
    anciano
sentado
    en su silla
mondando
    una naranja.
Mientras
    tornaba
la esfera
    en sus manos,
una brillante
    cinta se asomaba
en su camino
    hacia
el piso;
        Hasta que esta fruta,
previamente, el color
    del sol,
se encontraba desnuda
    y pálida
en sus manos.

Oración

Cuando los años de mi vida sean pelados, podrá aparecer que indica el fin, pero tú has puesto un alma viviente dentro de mi piel que nunca muere. Te doy gracias, Señor, no por un fin, sino para un comienzo nuevo contigo —cuando la dulzura y el corazón de quien soy en verdad, emergen desde adentro.

UNA VIDA DISTANTE

Él sana á los quebrantados de corazón, Y liga sus heridas.
Salmos 147:3

EL AVIÓN ESTABA descendiendo lentamente. Ahora Melinda podía divisar el paisaje del país que tanto le había quitado.

Cuando niña, ella había soñado de este país lejano y se imaginaba abrazando a su padre una vez más. Él había dejado al Perú unos ocho años atrás, prometiéndole a su hijita llena de lágrimas que volvería pronto y Fraería a su familia a esta tierra de sueños. Pero, después de años de cartas —que llenaban varias cajas— él ya estaba comenzando a perder esperanza.

Él había estado ausente cuatro años cuando su madre juntó a sus hijos para leer la última carta. Sus manos comenzaron a temblar al leerla en voz alta. Esta era la carta que ellos estaban esperando. ¡Él ya estaba preparado para que ellos viajaran a América!

Melinda escuchó con gozo y con emoción. Pero de momento su madre dejó de leer. Su rostro parecía congelarse, con la excepción de sus ojos, que se movían frenéticamente sobre las palabras. Por lo presente, no había suficiente dinero para que todos viajaran. Melinda y su hermana tendrían que quedarse atrás.

Esta tierra misteriosa de sueños era un ladrón que le había quitado a su padre, y ahora se estaba llevando a su madre y sus hermanos. Aunque le prometieron enviar a buscarlas lo más pronto posible, ella ya no podría esperar con la esperanza de una niña. Las dos niñas se mudaron con su tía, pero ella se sentía como una huérfana.

Melinda no tenía otro remedio sino aceptar la vida que le fue dada, y a la edad de dieciséis, había creado una vida que la contentaba. Tenía muchas amigas y un novio. Fue en ese tiempo que recibió la carta que estaba esperando todo este tiempo —pero que no deseaba más. Ahora tenía que despedirse de su vida en el Perú y comenzar de nuevo en un país extraño y con una familia que apenas conocía ahora.

Cuando el avión aterrizó, todos estaban aplaudiendo menos Melinda. "¿Por qué ahora?" pensó ella. "¿Adónde estaba este momento cuando realmente lo necesitaba?"

Una vez que salió del avión, se encontró con un viento congelado y un paisaje blanco extraño, una de las experiencias nuevas chocantes que aun tendría en América. El chofer del taxi los dejó frente a la casa fúnebre, donde la familia estaba trabajando a cambio de una vivienda libre del costo de alquilar. Ella se encontraba parada en la nieve, frente a esta casa de muerte, congelada y al parecer sin vida en ella misma.

La reunión de la familia era rica y llena de una mezcla de lágrimas de gozo, resentimiento y temor. Melinda abrazó a su padre con la nostalgia de una niña de ocho años, pero en sus pensamientos estaba abrazando a un extranjero. Su hermanito, a quien había cuidado y amado profundamente en el Perú, la miraba con ojos distanciados. Se agarraba de su otra hermana, sin seguridad de lo que debería pensar de estas dos que también profesaban ser sus hermanas.

Por más que sus padres intentaron hacerlas sentirse bienvenidas, era difícil no sentirse como invitadas en una casa ajena. Los ajustes dentro de la familia eran desafiantes; había un idioma nuevo para aprender, una escuela nueva para sobrevivir y un trabajo obligatorio —limpiar las capillas llenas de flores y cadáveres.

Desde el tiempo que su padre dejó a Perú hasta sus primeros años en América, ella nunca pensó que disfrutaría de la vida que disfruta hoy. Su soledad ha sido reemplazada por la seguridad de un esposo cariñoso, y en cambio por los años de inestabilidad, ahora tiene un hogar que puede llamar suyo. Pero la diferencia más apreciada es la intimidad y amor que ahora comparte con sus padres y sus hermanos. Las heridas antiguas están sanadas y los temores antiguos son memorias que ahora comparte, con una taza de café, en el porche de su hermana (la esposa de mi primo). "Ha sido un viaje largo", dice, sonriendo, al escuchar a las voces y risa de su familia en el trasfondo, "pero finalmente he llegado a casa".

Oración

Padre, pido por las muchas personas que luchan por encontrar un lugar para ellos y para sus familias. Muchos no tienen otro remedio sino de aceptar la vida que se les ha dado. Para otros, la promesa de una vida nueva está tensa con las costumbres extrañas y los retos nuevos. Te doy gracias por los testimonios de aquellos que han luchado y han perseverado. Gracias por sanar sus corazones quebrantados y vendar sus heridas.

RETIRO DE JÓVENES

✛

Yo amo a los que me aman, Y me hallan los que
temprano me buscan.
SALMOS 8:17

"GLORIA A DIOS, AMÉN!" gritaba el pastor otra vez desde
¡el púlpito. Mi prima y yo nos miramos una a la otra, riéndonos tontamente y, en voz baja, contando "Veintitrés". Contando
el número de los hábitos compulsivos del predicador era solamente una de muchas maneras de pasar los sermones largos de los
domingos. Otros incluían coloreando, pasándonos notas bobas y
esquivándonos al otro cuarto para jugar una variedad de juegos,
como "*Mother May I*" y "*Red light, Green light, 123*".

Los domingos por la mañana no solo eran bastante largos, pero
también habían cultos los domingos por la noche que eran tan largos como los otros. Entre los dos servicios íbamos a casa de mi
abuela para participar en una cena ritual. Mi hermana y yo le ro-

gábamos a nuestra madre que nos dejara allí en lo que ellos iban a la iglesia. "Por favor, Mami", lloriqueábamos, jalando sus ropas y formando una serie de caras patéticas. "¡Por . . . favor . . . !" Algunas veces dábamos gritos de alegría, entonces nos vestíamos los pijamas y nos arrimábamos unos a otros en el sofá con mi tía y prima para una noche de películas. Pero la mayoría de las veces hacíamos pucheros detrás de nuestros padres al salir por la puerta para llegar al auto. "No es justo", decía para mí misma.

Así me sentía del Señor y de su día hasta que tenía quince años. Mis sentimientos cambiaron el fin de semana que fui a mi primer retiro de jóvenes. Nuestra iglesia recientemente se había unido a la Asociación de las Iglesias Bautistas Americanas (ABCUSA) y estábamos estableciendo relaciones con otras iglesias en la ciudad de Nueva York. Jóvenes de estas iglesias distintas fueron para el estado de Pennsylvania para tener un retiro de tres días.

¡Estaba tan emocionada! Se programaba natación, juegos, caminatas y aire fresco. Abordamos el autobús con nuestras mochilas y bolsas llenas de golosinas, y aplaudimos cuando el autobús comenzó a moverse. Pasamos a los edificios cubiertos de dibujos y los rascacielos altos, hasta que nos encontramos rodeados de árboles y lomas verdes.

"¡Vacas!" alguien gritaba en la parte izquierda del autobús.

"¡Wow!" Gritamos, moviéndonos hacia las ventanas del lado izquierdo para ver mejor ese espectáculo raro. Todos estábamos emocionados de haber dejado la ciudad, de estar lejos de nuestros padres, y para mí, de mi iglesia aburrida.

Este fin de semana probó ser tan divertido como lo había imaginado, pero recibí mucho más de lo que yo me imaginaba. Además de las actividades interesantes, conocí tantas personas nuevas que las relaciones cambiaron mi vida. Cada persona tenía una historia distinta, pero no importaba si fueron criados en la iglesia o recién empezaron a asistir, todos parecían tener una relación personal con Dios. Yo solamente lo conocía de forma prosaica, como conocía a Jorge Washington en un libro de historia. Éstos estaban hablando de Dios como si estuviera presente activamente en sus vidas. Esto era algo nuevo para mí, y porque eran de mi misma edad, captaron mi atención.

Llegó un punto en el retiro que los líderes nos motivaron a tener un tiempo a solas con el Señor. Me sonaba un poco extraño, pero concordé y encontré un punto privado en la ribera de una quebrada. Comencé a orar, pero ya no era la oración mecánica que comenzaba con "Amado Padre celestial" que yo acostumbraba toda mi vida. Solamente conversaba con Dios. Las hojas rojas y color café caían suavemente alrededor, sobre la tierra y el agua. Mientras estaba sentada ahí, sentí la presencia de Dios cayendo sobre mí con la ternura de esas hojas.

La última noche hubo un concierto, y la música empapaba mi espíritu con un gozo indescriptible. Entonces entendí la relación que los otros tenían con el Señor. Por primera vez en mi vida él era mucho más que un nombre. Desde ese momento, Dios ha continuado como el centro de mi vida. No es cada día que siento aquella conexión cercana o el eslabón emocional que sentí ese fin de semana, pero no obstante cómo me sienta de día a día, sé que Dios es verdadero y siempre está presente en mi vida.

Si lo que estoy diciendo aquí son simplemente palabras en una página para ti, o si Dios es solamente un nombre o una figura religiosa, te reto a profundizarte más allá de la superficie. Solamente toma un segundo para estar a solas con Dios y hablar con él honestamente y abiertamente. Mira si Dios no te revelará la verdadera naturaleza y poder de su existencia a través de Jesús Cristo. De la misma forma que yo aprendí tantos años atrás, nunca podrás entenderla hasta que la hayas experimentado personalmente.

Oración

Padre, gracias por revelarte a aquellos que te buscan de sincero corazón. Señor, hoy invito tu presencia para que pueda acercarme a ti. Quiero sentir tu presencia y quiero conocerte de manera personal.

MUDÁNDOSE
AL BARRIO

✛

En la casa de mi Padre muchas moradas hay: de otra manera
os lo hubiera dicho; voy, pues, a preparar
lugar para vosotros. Y si me fuere, y os preparare lugar,
vendré otra vez, y os tomaré á mí mismo: para que
donde yo estoy, vosotros también estéis.

JUAN 14:2, 3

CUANDO MIS PADRES estaban planeando su boda, buscaban un lugar para criar a su familia futura. Después de buscar por meses, encontraron uno bastante cómodo a buen precio en un barrio quieto de Brooklyn. El propietario, que anteriormente le había mostrado el apartamento a mi madre, quien luce color claro, fue escandalizado cuando escuchó el acento pesado de mi padre.

"Oh", dijo con voz entrecortada, "¿eres hispana?"

Mi madre le dio una sonrisa entendida. "Sí, lo somos".

Mientras completaban la papelería, él hizo todo lo posible por desanimar a mis padres. "No es que los quiera asustar, pero este barrio es un poco prejuiciado. Puede ser que no sea el lugar apropiado para ustedes".

Mi madre firmó el documento y le entregó la pluma a mi padre. "Gracias por su advertencia. Estaremos muy bien".

Mis padres probaron ser buenos inquilinos y vecinos respetables, pero hubo incidentes ocasionales. Él tuvo razón cuando dijo que enfrentaríamos prejuicio, pero la mayor parte vino de su familia, que vivía debajo de nosotros. A pesar del hecho de que mis padres nos hacían caminar de punta pié después de las nueve de la noche, siempre recibíamos quejas del "ruido". Algunas veces, su esposa tomaba osadía y mezclaba algunos comentarios racistas.

Mis padres manejaban su ignorancia con sabiduría, cuidado y mucha oración. A pesar de los problemas con los dueños de casa y el estrés que causaban, me gustaba el barrio. Tenía muchos amigos y la mayoría de los vecinos eran familias maravillosas quienes nunca nos dieron problemas. Hubo momentos negativos de acosos verbales de parte de un grupo de chamacos que me llamaron *Spic*, pero eso duró poco. Generalmente mis memorias son positivas. Aun los dueños de la casa aflojaron después que vivimos ahí por muchos años.

Antes de llegar nosotros, parecía haber surgido un sentido de racismo en el barrio. Es posible que muchos no hubieran conocido alguna familia hispana antes de nosotros. Es fácil asumir la validez de los estereotipos si nunca has estado expuesto a alguna persona de este grupo. Mis vecinos pudieron entretener muchos conceptos erróneos al principio, pero aprendieron que solamente éramos otra familia, como cada otra familia en la cuadra.

Oración

Padre, protege a aquellos que son detenidos, estafados y maltratados por el racismo. Te pido que les des fortaleza y sabiduría para resolver sus situaciones. Señor, perdona a aquellos que no practican la hospitalidad hacia todos, sino que abrigan actitudes racistas. Pido que tú sanes la fuente de su rencor y desconfianza.

HACIENDO CAFÉ

*Gracias doy a mi Dios siempre por vosotros, por la gracia
de Dios que os es dada en Cristo Jesús; Que en todas
las cosas sois enriquecidos . . .*
1 CORINTIOS 1:4, 5

MI HERMANO y yo miramos a la selección en el rótulo color
rojo y crema delante de nosotros —*caramel macchiato, white
choco mocha, vanilla latte*— la lista seguía y seguía. Ordené un chocolate caliente y mi hermano ordenó el café más sencillo que la
tienda neoyorquina de lujo podía ofrecer.

Miré alrededor nuestro mientras esperábamos en el mostrador.
Parecía que éramos los únicos que estábamos ahí con el propósito
de disfrutar descanso y compañerismo. Clientes con los ojos ner-
viosos saltaban por las puertas con sus bebidas, mientras otros estaban sentados a solas, ocupados con sus libros, computadoras
portátiles y montones de papeles.

Escogimos una mesa pequeña cerca de la ventana. Habiéndonos criado aparte, nos contentábamos por sentarnos juntos para aprovechar el momento raro para ponernos al día. Mi hermano tomó su primer sorbo del café y sonrió, moviendo la cabeza.

"Es interesante", dijo, "que cobraron cinco dólares por este café y ni se acerca al café que preparábamos fresco en Puerto Rico".

Mantuve la copa caliente en mis manos, anticipando una historia de su niñez —la única ventana a una vida que no compartimos. Mi medio hermano y hermana fueron criados mayormente por su abuela en Puerto Rico. Por las historias que ya había escuchado, la vida no era muy fácil ni placentera. Pero esta memoria de preparar café con su abuela trajo una sonrisa a su rostro mientras hablaba.

"Cultivábamos los granos de café en nuestra propia tierra", comenzó. "Todos los nietos cosechaban los granos de café con mi abuela y los metíamos en un saco grueso".

Tomó el palito de revolver el café y lo usó para ilustrar mientras hablaba. "Tomábamos unos palos grandes y le pegábamos al saco para sacudir la cáscara que rodeaba al grano." "Ahh . . . ," dijo, cerrando sus ojos y respirando profundamente por su nariz, "era entonces cuando uno comenzaba a sentir el aroma del café. ¡Qué aroma tan rico!"

"Después de eso, colocábamos un puñado de granos de café en unos platos grandes redondos. Tirábamos los granos al aire y los soplábamos asta quitar la cáscara". Soplaba al aire como si estuviera soplando velas de cumpleaños. "Eso era la mejor parte. Teníamos una estufa de madera hecha en casa, y poníamos los granos de café en una olla negra vieja donde se tostaban sobre el fuego. Poco a poco, le añadíamos azúcar blanco. Cuando la mixtura estaba molida la poníamos dentro de un paño formado en cono, y lo pasábamos por agua hirviente".

Tomó otro sorbo de su café en la taza de papel y se sonrió una vez más. "Qué diferencia de la forma que recibo mi café hoy. Pero la mejor parte era cuando finalmente lo bebíamos y cómo lo bebíamos . . . juntos. No era lo que ves aquí, tomando un café para ir corriendo de un lugar a otro. El tiempo que pasábamos juntos bebiendo café era casi sagrado. Me sentaba con mi pan con mantequilla en las losetas frías del piso de la sala o a la mesa de la cocina y hablábamos por horas. Mi abuela nos contaba historias de cuando ella era un niñita, o leíamos versos de su Biblia a la luz de lámparas de aceite".

Mientras escuchaba la historia de mi hermano, casi pude probar lo delicioso que era la experiencia entera. Yo no me crié bebiendo café y no me gusta el sabor del café ahora, pero qué maravilloso hubiera sido pasar el día haciendo café con mi hermano y hermana, sentarme con ellos en las losetas frías y hablar por horas. Aunque eso nunca fue posible, el tiempo limitado que pasamos juntos hoy es tan sagrado como aquellos momentos memorables y el café que él compartió con su abuela tantos años atrás.

Oración

Señor, gracias por el compañerismo que disfruto con las personas que amo, y las memorias que nos siguen. Ayúdame a apreciar los momentos pequeños que están tan cerca de mi corazón. Para aquellos que viven lejos de mí, ayúdame a recordarlos por medio de cartas, llamadas telefónicas y oraciones elevadas a ti.

No hablo inglés

✠

*[Y] me ha dicho: "Bástate mi gracia; porque mi poder se
perfecciona en la debilidad."*

2 Corintios 12:9

ANGÉLICA AGARRÓ LAS MANOS de sus hijos cuando des-
abordaron el avión. Buscaba entre la multitud de extranjeros
con ojos abiertos desesperados. ¿Qué sucedería si algo le había
pasado? ¿Quién le ayudaría a encontrarlo, y cómo pediría ayuda?
Estas preocupaciones la estaban atormentando desde que se des-
pidió de su familia en Colombia y abordó el avión para América,
el lugar donde su esposo había estado preparando para su
nueva vida. "¡Angélica!" Viendo a su esposo, corrió hacia él, ya sin
temor. Aliviada, se apegó a él y se dejó llevar por la mano como
una niña.

La transición probó ser más fácil de lo que esperaba. Su hogar
nuevo en Miami, Florida estaba dentro de una comunidad his-

pana, donde todos los tenderos de los negocios hablaban español y vendían productos conocidos. El español se hablaba en las calles y en la televisión en casa. En medio de las circunstancias transformadoras se sentía consolada al saber que no tenía que explorar su nueva vida con una lengua nueva que ella no hablaba. Mientras su esposo —quien hablaba el inglés bastante bien— mantenía a su familia, ella cuidaba del hogar y se introdujo fácilmente a la comodidad de su ambiente. Sus hijos luchaban con los retos que ella no tenía que enfrentar. Confundidos, aterrorizados y fuera de lugar, se sentaban en sus aulas nuevas, mudos e impotentes, escuchando día por día a estos sonidos nuevos extraños.

Ocho años más tarde el inglés de sus hijos había mejorado, aunque continuaron comunicándose en español en casa con sus padres. Pero la comunicación entre los esposos se había amargado y eventualmente la pareja se separó. Angélica se mudó por solo la segunda vez en su vida, abordando un avión con sus hijos para comenzar una vida nueva en la ciudad de Nueva York.

Por primera vez se enfrentó al reto de mantener a sus hijos sin su esposo. Con esto vino el otro reto que ella había podido evitar anteriormente —la barrera del idioma. Ella experimentó el temor silencioso que sus hijos encontraron años atrás cuando comenzaron sus estudios. Buscó trabajo con gestos, expresiones faciales exageradas y un inglés mal hablado, mientras luchaba por conseguir alguna forma de establecer un hogar seguro para sus hijos.

Eventualmente encontró empleo como ama de casa en los hogares de dos familias amistosas quienes la motivaron a mejorar su inglés. Una familia, simpatizando con su vergüenza al hablar inglés, se ofreció a pagar por unos cursos de inglés. Ella aceptó con gratitud y comenzó las clases de dos días a la semana después de su trabajo. Luchaba por balancear el empleo y sus responsabilidades en el hogar y sus hijos con las lecciones nuevas, pero esto probó ser más de lo que ella pudo manejar. Tuvo que abandonar sus clases.

Entre vivir en comunidades hispanas (en Miami y Nueva York) y tener poco tiempo para aprender bien, Angélica aún sigue sintiéndose incómoda con el inglés después de dieciocho años en los Estados Unidos. Esto puede sonar difícil de creer o aceptar para aquellos criados en este país, pero muchos hispanos que llegaron aquí en su madurez pueden relacionarse al problema de Angélica. Dejar una vida familiar con el fin de hacer una nueva en otro país está lleno de muchos retos. Si uno puede sobrevivir usando el idioma que conoce, la tarea de aprender un idioma nuevo puede tomar segundo lugar a la necesidad de resolver las necesidades inmediatas. Por supuesto, existen aquellos que cuentan con suficiente tiempo y recursos, que no les importa aprender inglés, pero no todos los que no hablan inglés caben dentro de esta categoría. No podemos asumir automáticamente que es vagancia, falta de inteligencia o deseo.

Ahora que los hijos de Angélica son adultos, y las cargas de responsabilidad son menos, ella anhela volver a sus clases de inglés. Está determinada a hablar el inglés bien, tan solamente para poder conversar con sus nietos nacidos en América —niños que tendrán un comienzo nuevo porque su abuela les preparó el camino.

Oración

Señor, ayúdame a ser un puente para aquellos que luchan con transiciones y barreras de lenguaje. Aunque yo no conozca su idioma, muéstrame cómo comunicarme con ellos más allá de las palabras; con amor y cariño. De la misma forma, permíteme ser un puente para aquellos que no te conocen. Para muchos, una relación contigo es algo foráneo y nuevo. Envíame para comunicar tu gloria.

Un legalismo mortal

⳨

Este pueblo de labios me honra, Mas su corazón está lejos de mí.
Pues en vano me honran, Enseñando como doctrinas mandamientos
de hombres. Porque dejando el mandamiento de Dios,
os aferráis a la tradición de los hombres.

Marcos 7:6–8

A LA EDAD DE NUEVE AÑOS mi amiga Lara miraba a su madre botar todos sus mahones y pantalones. Ella no entendía qué estaba sucediendo. ¿Qué le había pasado a sus padres, y por qué le estaba mandando Dios a botar sus pantalones? Después de que su familia se hicieron miembros de a una iglesia nueva, reemplazaron las ropas en su ropero con faldas largas —lo que las "niñas respetables" vestían. Hubieron otros cambios —los labios de rojo brillante de su madre ahora se limpiaron pálidos, se cortó sus uñas pintadas y sus joyas quedaban dentro de sus cajas. Esa fue la primera introducción de Lara a "Dios" —un viejo temeroso constantemente preocupado con el vestuario.

Cada mañana se vestía con las ropas que no había escogido, y de la misma forma vestía todo su exterior para satisfacer la apariencia de los "justos". Ella aprendió a conformarse a las reglas y crear una ilusión exterior que satisfacía las expectativas de sus padres y de la iglesia. Nadie se molestó en mirar más allá de su fachada. Si lo hubieran hecho, habrían visto el deterioro de su espíritu, y el vacío y la confusión que la consumían.

Cuando se criaba, ella no tenía libertad ni voz propia, y para mayor mal, ella nunca aprendió a desarrollar una relación honesta y personal con Cristo. Lo único que aprendió fue "iglesia". La lista larga de lo que se podía hacer y lo prohibido tragaba su vida, pero ella honestamente creyó que rechazar la máscara legalista equivalía a rechazar al mismo Dios.

Adicionalmente a estar sofocada espiritualmente, estaba rodeada por la hipocresía. Las máscaras artificiales de muchos comenzaron a rajarse en su presencia, revelando una verdadera naturaleza vil, evidentemente no tocadas por el Espíritu del Dios viviente. Lara estaba hastiada. Se desconectó completamente de lo que ella creía era el mundo de Dios, y perdió toda confianza en cualquier cosa asociada con él. Se arrancó su propia máscara y se propuso llenar su espíritu vacío de cualquier modo posible. Se consintió con cada fruta prohibida que podía alcanzar, y se fue de juerga con todo lo "prohibido" cuando se criaba. Pero a pesar de todo lo que hacía, o cómo intentaba llenar la vaciedad, su espíritu permanecía vacío.

Después de años de buscar sutilmente, Lara oró una oración muy real y honesta: "Señor, si verdaderamente existes, muéstramelo. Si te sirvo, quiero servirte como tú intentas, no como el hombre intenta". Dios escuchó su oración y comenzó a respirar vida nueva en su alma muerta. Era refrescante y liviana, sin comparación a cualquier cosa que jamás había experimentado.

En los años anteriores, sus padres intentaron introducirla a Dios cambiando su vestuario. Pero el día que ella verdaderamente lo encontró fue el día que ella le pidió que transformara su alma.

Oración

De la misma forma que un globo lleno con el aliento humano nunca se despegará de la tierra, así será mi vida, si confío en mi propia fortaleza. Señor, lléname con tu Espíritu, para que yo pueda experimentar la vida abundantemente, y ascender a mi potencialidad plena. Como el helio le da el vuelo al globo, permíteme remontar con el aliento de vida.

LA CASA
AMERICANA IDEAL

✛

[P]orque esperaba la ciudad que tiene cimientos, cuyo
arquitecto y constructor es Dios.
HEBREOS 11:10

EL SUEÑO AMERICANO es tener una casa grande, con muchos cuartos, en las afueras de la ciudad. El cuarto de las niñas es de color rosado, con un edredón adornado con Barbie, y el cuarto de los varones es de color azul, lleno de juguetes de dinosaurios, camiones Tonkas y un rótulo que dice, "Se prohíbe la entrada" en la puerta. Es la casa que yo miraba en la televisión cuando crecía.

El lugar donde mis padres se mudaron cuando se casaron y donde yo crecí era un apartamento estilo ferrocarril en Brooklyn. Si nunca has oído de un apartamento estilo ferrocarril, imagínate de lo equivalente a unos carros de ferrocarril que le faltan las puertas que los conectan. En el apartamento nuestro uno pasaba por la cocina, dos dormitorios (divididos por un pasillo angosto) y un cuarto lleno de tocadores para alcanzar el furgón de cola que era la sala. El único cuarto con cuatro paredes era el baño, el único rincón con soledad. No existían muchas oportunidades para estar a solas y encerrarse del resto de la familia.

Sin tener en cuenta las inconveniencias obvias y la carencia de privacidad y espacio, honestamente puedo decir que yo amaba a mi hogar. El espacio pequeño parecía abrazarnos juntos, y es el lugar de mis más preciadas memorias. No nos quedaba otro remedio sino de resolver nuestros problemas, comunicarnos, y disfrutar de la compañía unos de los otros.

Algunas veces trato de imaginarme cómo cambiarían esas memorias si las trasladara a la casa ideal del sueño americano, que para muchos es tan importante obtener. Y me imagino a nosotros como familia separándonos unos de los otros, subiendo escaleras, cruzando los pasillos, hasta encerrarnos en nuestros cuartos en silencio.

Dondequiera que yo críe a mi familia, entiendo la diferencia entre una casa y un hogar. El tamaño de la casa o el número de habitaciones nunca será un símbolo de nuestro fracaso o nuestro éxito como familia. La casa de mi sueño americano es una que Dios llenará con mucho amor, risa y la cercanía que experimenté en nuestro apartamento pequeño, estilo ferrocarril, en Brooklyn.

Oración

Señor, reconozco que un hogar es mucho más que el espacio de vivienda que me rodea. Gracias por el amor de familia y la unión de tu Espíritu que hacen de una casa, un hogar.

Partos del Sobaco

¿Qué hombre hay de vosotros, á quien si su hijo pidiere pan, le dará una piedra? ¿O si le pidiere un pez, le dará una serpiente?
MATEO 7:9–10

LA MADRE y la hija estaban en camino hacia su hogar, después de haber visitado un familiar y su recién nacida en el hospital. Mientras abordaban el autobús, la joven de dieciséis años comenzó a hablar del milagro del alumbramiento. "Mami", ella dijo con asombro, "¿no es asombroso como un bebé tan grande puede salir de un espacio tan pequeño?"

Los ojos de su mamá se abrieron y se tornó para enfrentarse a su hija. "¿Qué?" chilló. "¿De qué estás hablando? ¿Quién te dijo eso?" La adolescente avergonzada miró a sus alrededores, donde los otros pasajeros ya estaban mirando fijamente.

"De aquí", continuó la madre, levantando el brazo al aire y señalando a su sobaco, "¡vienen de aquí!"

Esta fue mi abuela, intentando desesperadamente colocar a mi mamá en la oscuridad una vez más. Aunque ella dio a mi mamá el nombre Concepción. Nunca había hablado del sexo, y así se iba a quedar. Mi abuela se crió en el campo, donde la menstruación, el sexo y dar a luz eran secretos vergonzosos que una tenía que descifrar a solas. Aunque sus hijas se criaron en América, las crió como ella fue criada en Puerto Rico.

Mi madre y su hermana frecuentemente aprendían de esos asuntos "vergonzosos" por medio de situaciones desconcertantes donde su ignorancia sobresalía a vista de todos. Mi madre acostumbraba a chillar, "¡No!" cuando le preguntaban si era virgen. No estaba sexualmente activa, pero no tenía la menor idea de lo que significaba la palabra "virgen". Ella pensaba que era parte del nombre de la "Santa Madre". Ella asumía que estaban preguntando si ella se consideraba santa, como la Virgen María. "¿Por qué es que todos me preguntan si soy una virgen? Yo no soy una fanática, más santa que tú, orando constantemente".

Su educación de la sexualidad eran lecciones de humillación. "Ella nos mantuvo ingenuas", mi tía me dice, con un tinte de resentimiento en su voz. "Caminábamos como necias ignorantes".

Mientras mi abuela aprendió de su madre, la mía hizo todo lo contrario. Le presentamos la gran pregunta cuando éramos relativamente jóvenes, pero ella no se esquivó. Según ella creía, si teníamos edad para interrogar, teníamos edad para saber. Nos sentó con libros de la biblioteca y nos dio respuestas sencillas y verídicas a todas nuestras interrogaciones. Era importante que sus hijas no experimentaran la misma vergüenza que ella experimentó, porque criarse en ignorancia es cualquier cosa menos una dicha.

Oración

Señor, tú comunicas la verdad a tu creación. Ayuda a aquellos que encuentran difícil compartir la realidad y verdad con aquellos que dependen de ellos. Gracias por los milagros maravillosos en mi cuerpo. No me dejes sentir avergonzada de las maravillas que has creado en mí.

ACENTOS

✤

Por lo cual, animaos los unos a los otros, y edificaos los unos
a los otros, así como ya lo hacéis.

1 Tesalonisenses 5:11

"*Thousand!*" ella deja escapar, interrumpiendo la conversación de su hermana conmigo.

Las dos nos tornamos para mirarla con la misma expresión de, "¿Perdón?" en nuestros ojos.

"*Thousand,*" repite, con esa sonrisa de satisfacción en su rostro, "no *towsand*". Vuelve a poner su atención en la televisión con una satisfacción de traviesa en su sonrisa.

"*Thhhhhhhousand!*" escupe mi amiga, con su lengua media salida de su boca.

Hay una diferencia de quince años entre ellas, y la más joven —que fue criada en América— no tiene ningún rasgo del acento de su hermana mayor.

"OK, ahora te toca", dice mi amiga, con la victoria deletreada en su frente. "Rápido corren los carros cargados de azúcar en el ferrocarril". Rodeando a cada erre con una fuerza que parecía golpear a su hermanita a una posición fetal. "¡Bien!" responde, con un ataque de risas como si se le hubieran hecho cosquillas sin misericordia.

"Está bien, no diré otra palabra".

Las hermanas se sonríen, acordando una tregua temporera. Este tipo de mofas no es algo nuevo entre ellas. Constantemente se retan y corrigen la pronunciación una de la otra, pero ninguna sale ofendida. Todo es en broma, y su amor nunca les permitiría llegar a un nivel más severo. Mi amiga ya había experimentado ese tipo de tormenta cruel cuando se mudó a América de Colombia a la edad de once años.

Aprender un idioma nuevo es como la experiencia de recobrarse de un derrame cerebral. Ella tuvo que aprender de nuevo cómo funcionar en su ambiente desde el principio, regresando al nivel de un niño que empieza a caminar. Para cada palabra, ella tenía que luchar con los músculos de su boca, al tratar de pronunciar los sonidos nuevos. Muchas de sus compañeras de clase hacían el proceso aun más difícil al ridiculizarla despiadadamente con palabras crueles e imitar a los sonidos que ella hacía.

Hablando con ella en su sala años más tarde, su acento hispano aún está presente, pero ya no atado a la humillación. Auque algunos eran crueles, otros la animaban, ayudándola a combatir sus inseguridades, que eran tan espesas como su acento. La corregían con cariño y aplaudían sus mejoramientos hasta que ella encontró su confianza. Ella continúa mejorando su pronunciación, y abraza a aquellos que están dispuestos a señalar sus errores —aun a su hermana menor.

Oración

Sin reparar cómo suena cuando hablo, pido que las palabras que expreso sean agradables a ti. Ayúdame a edificar a otros con palabras de bondad y aliento.

No meramente
de un SOLO SABOR

✛

Y de una sangre ha hecho todo el linaje de los hombres, para que
habitasen sobre toda la faz de la tierra...
HECHOS 17:26

YO TENGO FAMILIARES con fuertes raíces africanas, y otros cuyos rasgos revelan una conexión con antepasados europeos. La imagen que muchos se imaginan cuando oyen la palabra hispano es lo que a mi madre le gusta llamar *butter pecan* —piel color de café con leche, con pelo café oscuro rizado. Los hispanos que no caben dentro de ese terreno mediano son equivocados como miembros de algún origen distinto. Estos rasgos "no hispanos" pueden enmascarar la identidad verdadera y esto puede crear algunas situaciones interesantes.

Los familiares de parte de mi madre son mayormente rubios con pelo claro y ojos de azul, verde y un pardo suave. La mayoría de la gente se espanta cuando primeramente les oyen hablar en español. "¿Eres hispano?" preguntan con sus ojos abiertos de sorpresa. "Nunca lo hubiera creído". Estas personas se irán un poco sorprendidas, pero no se pueden comparar con otros que han tenido que retorcerse con el sabor de sus pies en su boca.

Un episodio como este ocurrió cuando mi madre estaba saliendo del trabajo y de regreso a su casa. Estaba esperando la llegada del tren cuando un compañero de trabajo se le acercó en la plataforma. Él trabajaba en otro departamento, y sus comunicaciones se limitaban a saludos breves. Cuando llegó el tren se sentaron juntos y comenzaron a conversar. De alguna manera la conversación llegó al tema de deducciones fiscales que aparecían en sus cheques de sueldo, y a partir de ese momento comenzó la metida de pata.

"Es una lástima que personas como tú y yo tenemos que trabajar todo el día", se quejaba, "mientras que esos puertorriqueños en asistencia social se pasan sentados colectando el dinero que nosotros ganamos con esfuerzo". Mi madre, quién se había encontrado en semejante situación anteriormente, decidió permanecer callada, y dejarle hablar y hablar. Por supuesto, él seguía hablando mal de los puertorriqueños todo el viaje de Manhattan a Brooklyn. Mi madre se sonreía y afirmaba con su cabeza, esperando el momento propicio. Cuando el tren estaba a dos paradas de su estación, le tiró la pregunta. "¿De qué nacionalidad eres?" le preguntó con una sonrisa.

"Irlandés", el respondió.

"Oh . . . adivina cuál es mi nacionalidad".

Se tornó hacia ella, estimulado por el jueguito de adivinación.

"Déjame ver". Observó cuidadosamente a sus ojos de pardo amarillento, su piel blanca y su pelo rubio oscuro. "Polaca", le dijo, contento con su respuesta.

"No. Intenta otra vez".

Él pasó la lista de alemán a australiano hasta que se encontró un poco frustrado. El tren casi llegaba a la estación de ella cuando finalmente se dio por vencido. "OK, dime, ¿de cuál nacionalidad eres?"

Su sonrisa amplia estaba llena de satisfacción, "Soy puertorriqueña".

El tren estrepitoso chirrió al parar. El rostro del hombre se congeló. "Oh . . . uh . . . bueno . . . no quería decir que todos los puertorriqueños . . . yo . . ."

Calmadamente pasó por las puertas abiertas y dando un capirotazo, como si fuera sacudiendo un mosquito, le dijo, "Adiós".

En pocas palabras, con todas las variedades que componen la comunidad hispana, es importante recordar que todos venimos en muchos más sabores que *butter pecan*.

Oración

"No respondas al necio según su necedad, o tú mismo pasarás por necio". (Proverbios 26:4) *Señor, dame la paciencia para bregar con las personas que hablan en ignorancia. Ayúdame a ir más allá de mi ira, y elevarlos en oración. Guía también a mis pensamientos. Ayúdame a aprender de las distintas culturas antes de que lo encierre dentro de estereotipos angostos. Recuérdame que nos has creado a todos a tu imagen.*

PATRIÓTICO

✠

Mas el Dios de la paciencia y de la consolación os dé entre vosotros
séais unánimes según Cristo Jesús; Para que concordes, á una
boca glorifiquéis al Dios y Padre de nuestro Señor Jesucristo.
Por tanto, sobrellevaos los unos á los otros, como también
Cristo nos sobrellevó, para gloria de Dios.
ROMANOS 15:5–7

ME ESTABA RECOSTANDO sobre las barreras azules de la policía meneando mi bandera puertorriqueña, esperando ansiosamente para que la parada comenzara. Hacía dos horas que estábamos parados bajo el sol, y como cualquier otra niña de nueve años, estaba inquieta por comenzar las festividades. "¿Cuándo empieza esto"? preguntaba, girando la bandera como si fuera una batuta. "Mis piernas están cansadas".

Mi madre me fijó con una mirada feroz. "¡Muy pronto!" respondió ella por la quinta vez. Mi hermana me tocó en la cabeza con su bandera. "¡Déjate de quejas! Si no hubiéramos llegado temprano, estaríamos allá", dijo, señalando a la multitud detrás de nosotros.

Antes de poder responder, escuché la música de salsa en la distancia. "¡Está empezando, está empezando!" grité. Yo no era la única que estaba emocionada. La gente comenzó a empujar para poder ver mejor, y otros se pararon delante de a la barrera. Sorprendentemente, la policía no les pidió que salieran, sino que movieron la barrera delante de ellos y empujaron al gentío hacia atrás.

"Con su permiso, oficial", mi madre dijo, casi inaudible a causa del ruido del gentío, "nosotros llegamos primero".

El oficial se fue sin responder, mientras la música y el gentío crecían más y más. La primera carroza había llegado, pero todo lo que yo podía ver era los pedazos de colores que pasaban sobe las cabezas de la gente al frente. Mi madre trató de movernos delante de aquellos que a sabiendas estaban bloqueando nuestra vista, pero nadie se movió. No dije ni una sola palabra. Yo solamente observaba a mi madre tratando de resolver la situación, sin lograrlo. Me sujeté de su mano, apretándola en este bosque de cuerpos que estaban meneando la misma bandera que yo estaba meneado solamente minutos anterior.

"¡Olvídalo!" exclamó. "Nos vamos para la casa". Nos había traído aquí para celebrar nuestra cultura, pero lo que se logró fue que yo sentía ira por las personas que compartían nuestra cultura, porque nos empujaron fuera de su camino.

Cuando era adolescente, fui por segunda vez a la parada, con algunas amistades. Había el mismo gentío intenso como hubo la primera vez, pero yo estaba determinada a divertirme. Vimos pedacitos de la parada cuando estirábamos el cuello, paradas en los dedos de los pies, y caminábamos para poder ver mejor. Lo que sobresalía para mí esta vez fue el número de chamacos que estiraban los brazos para tocar nuestro pelo o nuestros brazos cuando pasábamos. "¿Tienes un teléfono, chula?" preguntaban, fijando sus ojos en nosotras y mordiendo su labio inferior.

Después de eso, dejé de asistir a la parada. Trece años más tarde, en el proceso de escribir este libro, el director de edición me urgió a ir una vez más. "Tienes que ir", me dijo, sin poder acreditar que ya no era parte del plan. "Definitivamente la parada debe ser uno de tus artículos".

Pues un domingo por la tarde me encaminé siguiendo a un río de gente vistiendo camisas, banderas y gorras adornadas con símbolos de Puerto Rico mientras se dirigían a la Quinta Avenida. A pesar de llegar un poco tarde, encontré un lugar bueno donde tenía una vista decente de las carrozas y los participantes. Se encontraban unas niñitas con trajes de pompa, moviéndose con sonrisas rojas, y otras con faldas largas fruncidas y con flores en sus cabellos, bailando al son de la música con un ritmo natural. Chamaquitos corrían por todo lugar, tocando instrumentos, y girando las batutas y disfrutando su parte en la parada. Viendo a esos niños preciosos me permitió a enfocar en la inocencia pura y el orgullo de ese día, sin estar infectada con experiencias pasadas.

Siempre se me hacía difícil encontrar algo que representara mi propio orgullo dentro de la celebración general de Puerto Rico cada junio —las banderas enormes en los autos con sus bocinas tocando, las banderitas en miniatura pintadas en las uñas y los gritos de "¡Borinquen!" No era de esa manera que yo expresaba mi orgullo. Ahora me encontraba mirando a los rostros brillantes de niños que estaban celebrando nuestra herencia rica con sus talentos maravillosos, y nada más importaba. Todos compartíamos el mismo orgullo sin importarnos cómo lo expresábamos. Puedo testificar, de mi parte, que ciertamente hay mucho por el que estar orgulloso.

Oración

Señor, hay tantas maneras de celebrar nuestro orgullo y cultura, tal como hay muchas maneras que uno celebra el amor por ti. Hay congregaciones que gritan y bailan, mientras otras adoran con meditación quieta. Indiferentemente a nuestro estilo, tú eres la fuente de nuestra adoración. Únenos con una boca y una sola mente al elevar nuestras alabanzas a ti.

VERANOS EN BROOKLYN

✢

Vuelve el desierto en estanques de aguas,
Y la tierra seca en manantiales.
SALMOS 107:35

En un verano ardiente en Brooklyn, las gentes cercaban al vendedor de las piraguas con sus billetes en sus manos. Tomando su rascador platinado que parece un camión de juguete, rasca la parte superior de un bloque de hielo. Pequeñas rajas de hielo refrescante llueven sobre las gentes esperando su turno frente al sol candente. El hombre vacía los pedacitos de hielo dentro de una copa de plástico y derrama el jarabe luminoso hasta que la copa pálida se empapa con el color dulce.

Una niñita chupa el jugo de cereza de su piragua mientras espera que él prepare otro para su abuelo. "Gracias", sonríe ella con los labios pintados de rojo, entregándole el dinero. Ella cruza la calle y le entrega la copa fría a su abuelo, con dedos pegajosos con jugo de piña. "Gracias, Mamita", le dice con un beso liviano sobre su frente.

Él coloca la piragua al lado de sus dominós alineados como soldados impacientes. Los ancianos esperan silenciosamente para que el hombre con el sombrero de paja tome su movida, y con una risa efusiva golpea su dominó sobre la mesa de madera. Un coro de quejidos prorrumpe de los competidores mientras inclinan sus dominós en señal de derrota. Los dominós suenan *clic*, *clac* al ser capirotados y mezclados para el próximo juego.

Un adolescente corre por las escaleras del frente —pasándoles a los ancianos— sujetando una llave inglesa como si fuera una antorcha de las olimpiadas. Los niños esperando cerca de la boca de incendios roja vestidos con trajes de baño y chanclas plásticas lo aclaman cuando lo ven. Con unas torcidas fuertes en la boca de incendios, un chorro de agua corre a la calle. El adolescente coloca la llave inglesa en la acera de concreto y toma una lata vacía abierta en ambos extremos. Él coloca la lata frente a la corriente de agua de tal forma que crea una fuente enorme. Los niños corren bajo el agua, jugando y torciéndose bajo las gotas refrescantes de agua.

Un chofer toca su bocina, haciéndolos correr a la acera como una bandada de patitos. Las gotas pesadas de agua golpean el techo del auto como un bongo, a la misma vez que los niños vuelven a la calle. El chofer conduce su auto, pasando a una familia que está empaquetando su combinable, y se detiene un momento para saludarles.

Están llenando el baúl con frisas, toallas, neveras y ollas grandes de arroz con gandules y pollo frito para su pasadía en Coney Island. Entran apretados, cierran las puertas y se van rumbo a las olas —otra forma de refrescarse en un día caluroso y pegajoso en Brooklyn.

Oración

"Como el ciervo brama por las corrientes de las aguas, Así clama por ti, oh Dios, el alma mía. Mi alma tiene sed de Dios, el Dios vivo . . ." (Salmos 42:1, 2a) Señor, sigue satisfaciendo mi sed por ti. Lléname con tu agua viva, para que yo pueda ser usado como una fuente refrescante en las comunidades donde se encuentran mi iglesia, mi familia, mi trabajo y mi barrio.

Mami

✛

El amor es sufrido, es benigno; el amor no tiene envidia, el amor
no es jactancioso, no se envanece; no es indecoroso, no busca lo
suyo, no se irrita, no guarda rencor; no se goza de la
injusticia, mas se goza de la verdad. Todo lo sufre,
todo lo cree, todo lo espera, todo lo soporta.

1 Corintios 13:4–7

"¡CUARENTA EUROS!" yo gritaba. "¿Estás serio?" El distribuidor estaba frente a mi apartamento pequeño en Francia con un paquete en sus manos lleno de "camisitas bonitas" que mi madre me había dicho que iba a enviarme. "Perdóneme, Mademoiselle", me dijo. "Es el impuesto internacional que cobran por el transporte".

Me encontraba trabajando en Francia, enseñando inglés, y el cheque mensual pequeño me dejaba con un presupuesto muy apretado. Cuarenta euros era una fortuna pequeña, pero este hombre tenía el regalo de mi madre de rehén hasta que yo pagara. Yo podía ver la mano distintiva de ella en tinta gruesa con el nombre "Karen Valentin", y podía visualizarla doblando cada camisa con cuidado y sellando el paquete en la mesa de la cocina.

Impuesto internacional. Nunca había oído tal cosa. ¿Estaría este hombre intentando robarme? Podría yo entregar 40 euros en sus manos y todavía tener suficiente para la semana? Nada de eso importaba. No podía dejarl llevárselo. Escribí el cheque —que más me parecía un pago de rescate— y tomé la caja de sus manos.

No pude dejar de llorar mientras abría el paquete sobe mi cama y apretaba las camisas de color en mis manos. Habían pasado varios meses desde que había visto a mi familia y tener a un extranjero negándome la ofrenda de amor de mi madre me hizo sentirme aún más lejos de casa. En ese momento, sentí un amor y un aprecio por ella tan intenso que yo estaba adolorida. Esto fue solamente un símbolo del amor libre y desinteresado de mi mamá; el mismo amor que gritaba mi nombre con regocijo cuando yo llamaba a larga distancia, aunque algunas veces hablábamos tres veces por semana. Era el mismo amor que la movió a depositar dinero en mi cuenta, aun cuando yo pretendía que mis finanzas estaban buenas.

Mientras colocaba las camisas en mi armario, pensé en el amor de mi madre y me pregunté qué habría yo hecho para merecerlo. Lo único que podía recordar eran las cosas que hice para empujarla de mí. Cuando yo me criaba ella acostumbraba llamarme "la abogada" porque yo siempre tenía una respuesta y argumento para todo. En contraste con mi hermana que siempre pedía permiso, yo no esperaba a tener permiso para hacerme una segunda perforación en mis orejas, o salir con mis amigas, o cualquier otra cosa que yo pensaba que ella me negaría. Existía tanta tensión terca entre nosotras —especialmente cuando era adolescente— que algunas veces deseaba no tener una madre. Parece que yo siempre enfocaba las características de ella que me molestaban —o quizás las que eran reflexiones muy vívidas de mis propias fallas— las costumbres nerviosas, el olvido descuidado o la desgana de enfrentarse con otras personas.

Por la gracia de Dios, nuestra relación fue sanando al yo madurar. Había menos ira entre nosotras, pero todavía tenemos nuestros momentos. Ella es muy ligera para señalar mis defectos, pero nunca deja pasar un día sin una palabra alentadora, una felicitación o una frase afectuosa. Nunca tengo que pensar si ella está orgullosa de mí, ni tengo que buscar su aprobación, porque siempre lo demuestra. Si visitas su hogar, es probable que te muestre mis pinturas de óleo que pinté en la escuela superior, y te sentará para escuchar a mis canciones en la máquina de CD. También es probable que llore cuando escucha a sus favoritas, aunque las ha escuchado más veces que cualquier otra persona.

Toda mi vida ella ha sido mi fanática más grande y mi rival más grande, un amor complicado que probablemente existe entre muchas madres e hijas. No obstante a nuestras subes y bajas, estoy agradecida que Dios escogió esta mujer particular para ser mi madre.

Esa tarde, cuando cené con mis amistades, me puse una de las camisas nuevas. Casi pude sentir su abrazo en la tela.

"¡Qué camisa bonita!" comentó mi amiga cando me quité el abrigo.

"Gracias", sonreí. "Me gusta también; es un regalo de mi madre".

Oración

Señor, gracias por las madres que aman a sus hijos incondicionalmente. Ayúdame a honrar a aquellos a mi alrededor con amor y respeto, aun en medio del desacuerdo. Ninguna relación existe sin tener problemas, pero te doy gracias por ser el tipo de Dios que sana heridas antiguas y prepara un camino para nuevos comienzos.

LOS DESEOS DEL CORAZÓN

✛

Déate conforme á tu corazón, Y cumpla todo tu consejo.
SALMOS 20:4

CUANDO ENTRÉ por las puertas del gimnasio, las gimnastas estaban corriendo en un círculo, y al verme, cambiaron de dirección y vinieron corriendo hacia mí. "Karen!" gritaron con sonrisas tan brillantes como sus leotardos. Se agruparon alrededor mío dándome besos y abrazos mientras yo las miraba incrédula. "¡No puedo creer cuánto han crecido!" Seguí repitiendo lo mismo mientras meneaba la cabeza. Durante años las vi crecer, pero en solo nueve cortos meses de mi ausencia, sus transformaciones me parecieron dramáticas.

Ellas volvieron corriendo a la colchoneta, entusiasmadas de haber terminado su calentamiento y poder demostrar lo que habían aprendido durante mi ausencia. ¡Qué extraña me sentí mirándolas como su entrenadora! Durante diez años esa fue mi vida, ayudándolas con las maromas, arrastrando las colchonetas pesadas a través del gimnasio y contando un interminable número de ejercicios. Mi nueva identidad, mientras me sentaba en un sitio familiar, me chocó a mí al igual que a mis muchachas, que habían crecido tanto. Las cosas han cambiado en poco tiempo, hasta yo misma casi no me reconozco.

En menos de dos años, en ese mismo gimnasio yo había alcanzado la altura de mi desaliento y frustración con mi propia vida. Era el último año de la universidad, y lo único seguro en mi vida era el tremendo préstamo escolar que tenía que pagar. El entusiasmo de entrenar se había desvanecido hacía mucho tiempo y mis talentos y deseos parecían inalcanzables como metas para una carrera realística. La esperanza y el optimismo que yo tenía de hacer mis sueños realidad habían desaparecido gradualmente frente a la realidad de lo que "es mi vida". Las muchachas saltaban doquiera del gimnasio con sus bellas sonrisas y bultos de energía y potencial, mientras mi propio futuro parecía desierto y sin promesa.

Escogí aceptar mi situación, creyendo en que Dios había respondido a todas mis oraciones lagrimosas con un "No" —y entonces fue cuando decidí cambiar mi vida. Después de mi graduación, recibí una oportunidad para enseñar inglés en Francia por nueve meses. Ahí Dios abrió las puertas para que yo visitara otros países europeos, realizando mi deseo de viajar y mi pasión lingüística. Antes de irme de Europa conocí a una mujer en mi clase de Biblia quien me animó a escribir profesionalmente, y me ayudó con la propuesta de mi libro. Mientras estaba en Francia casi me dio un ataque cuando leí mi email, y grité en incredulidad. La casa editorial Doubleday me estaba ofreciendo un contrato para escribir mi primer libro. Sentí como que Dios había recogido todas mis oraciones durantes todos los años de mi vida hasta que tuvo suficiente para rociarlos sobre mi cabeza como confeti.

Al sentarme en el gimnasio, era difícil imaginar el pésame que había sentido no hacía mucho tiempo. Había hecho un círculo completo en esta jornada de bendiciones inesperadas, y me sentía renacida. Pasé esa tarde mirando a las muchachas saltando y volando por el aire en libertad ingrávida. Por la primera vez en mucho tiempo, pude compartir los mismos sentimientos.